한국무용사 용어사전

한국무용사 용어사전

초판 인쇄 2021년 3월 11일
초판 발행 2021년 3월 15일

지은이 편집부
펴낸이 진수진
펴낸곳 청풍출판사

주소 경기도 고양시 일산서구 대산로 53
출판등록 2013년 5월 30일 제2013-000078호
전화 031-911-3416
팩스 031-911-3417
전자우편 meko7@paran.com

*낙장 및 파본은 교환해 드립니다.

*가격은 표지 뒷면에 표기되어 있습니다.

한국무용사 용어사전

Contents

ㄱ

가면무(假面舞) 탈을 쓰고 추는 춤을 말한다. 즉 '탈춤'을 일컫는 다른 이름이다.

가무백희(歌舞百戱) 국가에서 주관하는 각종 행사나 연회에서 베풀어졌던 춤과 노래, 기예(技藝)를 통틀어 일컫는 말이다. 이 용어는 〈삼국사기(三國史記)〉 권1에 처음 등장하는데, 삼국의 가무백희가 통일신라에서 집대성된 후 고려와 조선을 거치며 꾸준히 발달했다.

가사호접(袈裟胡蝶) 1935년 조택원(趙澤元)이 발표한 작품으로, 한국 신무용의 가능성을 보여주었다. 이 작품의 원래 제목은 〈승무의 인상〉이었는데, 조택원과 친분이 두터웠던 시인 정지용(鄭芝鎔)에 의해 그 명칭이 바뀌었다.

가산오광대(駕山五廣大) 경상남도 사천시 축동면 가산리에서 정월대보름 무렵 행하던 탈놀이. 여느 탈놀이와 마찬가지로 춤이 주축이 되고 재담과 노래가 곁들여지는데, 모두 여섯 마당으로 구성되어 있다. 중요무형문화재 제73호로 지정되었다.

가시리 1990년 남정호(南貞鎬)가 안무한 작품. 고려가요 〈가시리〉를 춤으로 형상화한 것으로, 무용수로서 남정호의 기량과 몇몇 소품의 다양한 활용이 돋보였다.

가야지무(伽倻之舞) '가야의 춤'이라는 뜻. 668년 신라 문무왕 8년에 능안이라는 15살 소년이 추었던 춤을 일컫는다. 〈삼국사기(三國史記)〉에 그에 관한 설화가 간략히 전할 뿐, 구체적인 춤의 내용은 알려져 있지 않다.

가척(歌尺) 신라에서, 궁중에서 노래를 하는 악공을 일컫던 말이다.

가인전목단(佳人剪牧丹) 향악정재(鄕樂呈才) 중 하나. 조선 순조 때 효명세자가 만든 것으로, 무대 가운데 활짝 핀 모란 꽃병을 놓고 10명 안팎의 무용수들이 무리를 나누어 꽃을 희롱하는 춤이다. 교선무(交旋舞), 원화무(圓花舞), 회선무(回旋舞), 복렬무(復列舞) 순서로 춤을 춘다.

간방(間方) 똑바른 동서남북 네 각 사이를 가리키는 방위이다. 이를테면 '동남 간방', '서북 간방'의 식으로 표현된다. 춤의 대형을 이야기할 때 언급되는 용어이다.

강강술래 정월 대보름과 팔월 한가위에 주로 전라남도 해안 지방을 중심으로 남부 지방에서 행해지던 원무(圓舞) 형태의 민속놀이다. '강강수월래'라고도 하며, 여러 부녀자들이 서로 손을 잡고 빙빙 원을 그리고 돌면서 춤추고 노래를 한다. 처음에는 늦은중모리장단으로 시작해 끝에 가서는 자진모리장단으로 빨라지며, 그에 따라 춤의 분위기도 점점 고조되어 흥과 사기를 북돋운다. 일반적으로 강강술래는 조선시대에 발생된 것으로 알려져 있다. 중요무형문화재 제8호이고, 2009년에는 유네스코 세계무형유산으로 지정되었다.

강령탈춤(康翎~) 황해도 강령 지방에서 전승되는 탈춤. 모두 일곱마당으로 되어 있으며, 21개의 배역이 등장한다. 땅에 끌리도록 긴 장삼소매를 힘차게 휘두르는 역동적인 장면이 많다. 중요무형문화재 제34호이다.

강선영(姜善泳) 1925년 출생. 서울 출신의 무용가이다. 한성준(韓成俊)에게 사사했으며, 1953년 〈태평무(太平舞)〉를 공연한 이래 국내외에서 활발한 활동을 펼쳤다. 아울러 1950~1970년대 국립무용단에서 여러 안무 작품을 발표하기도 했다. 주요 작품으로 〈열두무녀도〉, 〈수로부인〉, 〈원효대사〉 등이 있다.

강수진(姜秀珍) 1967년 출생. 서울 출신의 발레무용가이다. 선화예고와 모나코 왕립발레학교를 졸업했다. 1986년 독일 슈투트가르트발레단에 입단해, 1997년부터 수석발레리나로 활동하고 있다. 또한 스위스 로잔발레콩쿠르와 서울국제무용콩쿠르 발레 부문 심사위원을 역임했다. 1999년에는 국제무용협회 러시아 본부에서 제정한 브누아 드 라 당스(Benois de la Danse) 최고여성무용수 상을 받기도 했다. 주요 출연 작품으로 〈잠자는 숲 속의 미녀〉, 〈마타하리〉, 〈오네긴〉, 〈춘희〉, 〈카멜리아의 여인〉 등이 있다.

개구리춤 전라남도 영광 지방에 전해져 내려오는 춤이다. 토테미즘(totemism)의 영향을 받아 생겨난 것으로, 기우제를 지낼 때나 농사일 중간에 개구리의 행태를 흉내내며 추었다. 이 춤에는 비가 많이 내려 풍년이 들기를 바라는 농부의 마음이 담겨 있다.

개수(開袖) 정재(呈才)에 관련된 용어 중 하나. 팔을 펴 들고 춤을 추거나, 소매를 펼치는 동작을 말한다. '거수(擧袖)'라고도 한다.

거견(擧肩) 외거(外擧) 동작에서 팔을 들어 뒤로 젖히며 어깨와 수평을 이루도록 하는 춤사위를 말한다. 법무(法舞)와 일무(佾舞)에서 볼 수 있는 동작이다.

거내족(擧內足) 안쪽 발을 드는 춤사위를 일컫는다. 〈학춤(鶴~)〉 등에서 볼 수 있다.

거드름춤 무용의 기본적인 자세를 익히기 위해 훈련 삼아 추는 춤을 말한다. '입춤(立~)'이라고도 한다.

거상춤(擧床~) 거상장단(擧床長短)에 맞춰 추는 굿춤을 말한다. 거상춤은 손놀림, 몸굴림, 발디딤이 정형화되어 아홉 가지로 짜여진 구기법(九技法)으로 춤을 춘다. 여기서 '거상'이란, 무속에서 의례상을 진설하여 신에게 바치는 행위를 가리킨다. '긴춤' 또는 '얼씨춤'이라고도 한다.

거수후불(擧袖後拂) 정재(呈才)에 관련된 용어 중 하나. 팔 또는 소매를 들어 뒤로 떨쳐 뿌리는 동작을 말한다. '대수후불(擡袖後拂)'이라고도 한다.

거외족(擧外足) 바깥쪽 발을 드는 춤사위를 일컫는다. 〈학춤(鶴~)〉 등에서 볼 수 있다.

거휘(擧揮) 왼쪽에서 시작할 경우 오른쪽으로, 오른쪽에서 시작할 경우 왼쪽으로 연속해서 두 손을 모아 하늘로 내뻗는 동작을 말한다. 법무(法舞)의 춤사위 중 하나이다.

건무(巾舞) 조선 후기의 궁중무용으로, 두 사람이 수건을 들고 추는 춤이다. 처음에는 2명의 무원(舞員)이 칼을 두 자루씩 들고 서로를 상대하며 춤을 추었으나 나중에는 칼 대신 건(巾)을 들고 추는 춤으로 바뀌었다.

걸립패(乞粒牌) 조선 후기 유리걸식하는 사람들이 몇 가지 재주를 익혀 풍악을 울려주고 돈이나 곡식을 얻기 위해 조직한 무리를 말한다. 일종의 유랑 연예인 집단인 셈인데, '비나리패'라고도 불렀다. 흔히 우두머리인 화주를 중심으로 15명 안팎의 구성원이 패거리를 이루었다.

검기무(劍器舞) '검무(劍舞)' 참조. 칼을 들고 추는 칼춤으로, 신라 민간에서 가면무로 행해지다가 조선시대에 궁중무용으로 채택되었다.

검무(劍舞) 칼을 들고 추는 칼춤으로, 〈검기무(劍器舞)〉라고도 힌다. 신라 민간에서 가면무로 행해지다가 조선시대에 궁중무용으로 채택되었다. 처음에는 일부 잔인하고 살벌한 모습을 띠었으나, 오랜 시간 동안 역사를 이어오면서 그런 면이 사라져 아름답고 유연한 동작으로 춤을 추게 되었다. 조선시대에는 〈첨수무(尖袖舞)〉와 〈공막무(公莫舞)〉라는 새로운 형태의 검무가 생겨나기도 했다.

곁사위 탈춤의 춤사위 중 하나. 외사위와 같은 동작에 한삼을 한 번 올려 뿌리는 춤동작이다.

경풍도무(慶豐圖舞) 조선 후기의 궁중무용 중 하나. 향악정재(鄕樂呈才)로, 익종이 아버지인 순조를 즐겁게 하기 위해 만든 춤으로 알려져 있다. 죽간자(竹竿子)와 5명의 무용수가 경풍도(慶豐圖)를 보에 싸들고 춤을 추는 형태이다. 여기서 '경풍도'란, 풍년이 들어 경사로운 장면을 묘사한 그림을 말한다.

고개잡이 〈봉산탈춤〉 먹중춤에서 볼 수 있는 춤사위의 하나. 몸을 좌우로 흔들며 무릎을 굽혔다 펴고, 두 팔을 힘껏 뻗었다 내리면서 탈을 떤다.

고구려무(高句麗舞) 고구려 춤의 하나. 6명이 세 편으로 나뉘어 마주보고 추는 춤이다. 조선 순조 때 궁중무용으로 다시 등장했다.

고려사 악지(高麗史 樂志) 〈고려사(高麗史〉는 조선시대에 세종의 명을 받아 정인지, 김종서 등이 편찬한 역사책으로 1451년 문종 원년에 완성되었다. 총 139권. 그 가운데 권70과 권71에 수록된 음악에 관한 기록이 '악지(樂志)'이다. 이것은 삼국시대 및 고려시대의 음악과 무용을 이해하는 데 매우 중요한 문헌으로 평가받는다.

고성오광대(固城五廣大) 경상남도 고성군에서 정월대보름 무렵에 행하는 탈놀이. 여느 탈춤과 달리 다섯마당으로 구성되어 있다. 중요무형문화재 제7호로 지정되었다.

고전형식(古典形式) 1947년 평양에서 초연된 김백봉(金白峰)의 작품. 이것이 1968년부터 〈화관무(花冠舞)〉라는 명칭으로 불리게 되었다. 초기에는 독무(獨舞) 형태였는데, 점차 군무(群舞)로 변화해 화려하고 흥겨운 분위기를 연출한다.

곡사위 탈춤의 춤사위 중 하나. 먼저 오른쪽 다리를 정면을 향해 90°로 꺾어 올리면서 오른손을 들어 무릎 위에 얹는다. 그리고 발을 내리고 나서 손은 원을 그리며 뒤로 가져간다. 그 다음에는 왼쪽 다리와 왼손으로 같은 동작을 되풀이한다.

곡진도(曲陣圖) 정대업지무(定大業之舞)의 무용 구도 중 하나로, 안쪽 줄에 서서 춤을 추는 사람들이 곡선을 이루어 배열하는 방법이다. 36명의 무원(舞員)들이 오색단갑(五色段甲)과 창단주(靑段胄)를 입고 예악(禮樂)에 맞추어 움직이는 첫 번째 동작이다.

곡파(曲破) 고려시대에 송나라에서 전래된 당악정재(唐樂呈才). 조선시대 들어 한때 단절되었다가 세종 때 다시 부활했으며, 〈악학궤범(樂學軌範)〉에 무보(舞譜)가 전한다. 그에 따르면 춤은 죽간자(竹竿子) 2명과 무원(舞員) 2명으로 이루어지고, 음악은 송나라 사악(詞樂)인 〈석노교(惜奴嬌)〉가 사용되었다.

곰배팔이춤 일정한 형식에 얽매이지 않는 민속춤인 잡기춤(雜技~)의 한 종류. 곰배팔이 흉내를 내며 익살스럽게 추는 춤이다. 곰배팔이란, 팔이 뒤틀려 똑바로 펴지 못하거나 팔뚝이 없는 사람을 낮잡아 이르는 말이다.

곰춤 전라남도 진도 지방에서 전해져 내려오는 춤. 토테미즘(totemism)의 영향을 받아 생겨난 것으로, 한량들이 농악대를 쫓아다니면서 뒷굿으로 곰의 행태를 흉내내는 곰춤을 추었다.

곱사등이춤 일정한 형식에 얽매이지 않는 민속춤인 잡기춤(雜技~)의 한 종류. 일부러 등에 바가지나 베게 따위를 넣고 익살스럽게 추는 춤이다. '곱사춤'이라고도 한다.

곱사위[1] 탈춤의 춤사위 중 하나. '외사위'와 같은 동작에 한삼을 한 번 올려 뿌리는 춤동작이다. '겹사위'와 비슷한 의미이다.

곱사위[2] 〈양주별산대놀이(楊洲別山臺~)〉의 경우, 양손을 번갈아 어깨 너머로 젖히면서 뒷걸음질하는 춤사위를 말한다. 〈송파산대놀이(松坡山臺~)〉에서는 '화장무'와 '여닫이'를 합쳐 손을 내릴 때 머리 뒤로 스쳐 내리는 춤사위를 일컫는다.

곱추춤 경상남도 밀양에서 백중놀이(百中~) 때 행해지던 병신춤. 양반들의 차별에 시달리던 상민이나 천민들이 곱추 장애가 있는 사람을 흉내내며 추었던 춤이다. 이것은 장애에 대한 조롱이 아니라 양반들의 위선을 풍자하며 울분을 토로하는 수단이었다.

공막무(公莫舞) 조선시대 제21대 영조 때 만들어진 궁중무용의 하나. 두 사람이 각각 칼을 들고 마주 서서 어르고 찌르는 흉내를 내며 추는 춤이다. 수룡음곡(水龍吟曲)의 반주에 맞추어, 주로 여성들을 위주로 한 연회에서 추었다.

공수(拱手) 정재(呈才)에 관련된 용어 중 하나. 두 손을 맞잡아 앞으로 모으는 동작을 말한다. '염수(斂手)' 또는 '광염(廣斂)'이라고도 한다.

공읍(拱揖) 정재(呈才)에 관련된 용어 중 하나. 원래 공읍은 두 손을 마주 모아 잡고 인사한다는 뜻으로, 손을 모아 눈썹 가까이 올린 뒤 허리를 공손하게 굽혔다 편다.

공옥진(孔玉振) 1931년 출생. 전라남도 영광 출신의 한국무용가이다. 1945년 조선창극단에 입단한 이래 평생 무용가의 길을 걸어왔다. 1인 창무극(唱舞劇)의 선구자로 평가받고 있으며, 특히 그녀의 병신춤과 동물 모방춤은 타의 추종을 불허한다. 그동안 1인 창무극이 역사적으로 전승되어온 전통무용이 아니라 그녀의 창작무용이라는 이유로 중요무형문화재보유자(重要無形文化財保有者)가 되지는 못했으나, 지난 2010년 전라남도 무형문화재 1인 창무극 〈심청가〉 예능보유자로 지정되었다.

과교선(過橋仙) 두 팔을 벌리고 좌우로 크게 3번 도는 동작을 일컫는다. 〈춘앵전(春鶯囀)〉에서 볼 수 있다.

과장(科場) 탈놀이에서 '마당'을 뜻한다. 즉 판소리의 마당이나 현대극의 막과 같은 의미이다.

관동무(關東舞) 조선시대 향악정재(鄕樂呈才) 중 하나. 정철(鄭澈)의 〈관동별곡(關東別曲)〉을 주제로 하여 만들었다. 1848년 헌종 14년에 편찬된 〈진찬의궤(進饌儀軌)〉에 따르면, 8명의 무기(舞技)가 〈관동별곡〉을 노래하면서 진퇴(進退)하고 선회(旋回)하며 춤을 추었다고 한다.

광수무(廣袖舞) 조선 후기의 향악정재(鄕樂呈才) 중 하나. 〈진작의궤(進爵儀軌)〉에 따르면 원무(元舞) 2명과 협무(挾舞)가 9명씩 두 줄로 구성되었다고 하며, 〈진찬의궤(進饌儀軌)〉에는 원무 2명과 협무가 10명씩 두 줄로 구성되어 있는 그림이 전한다. 반주 음악으로는 여민락령(與民樂令)이 쓰였다.

광주시립무용단 1976년 설립된 광주광역시 산하의 발레단이다. 〈백조의 호수〉와 〈마을의 향연〉으로 창단 공연을 가진 이후 지금까지 200회가 넘는 공연을 펼쳐왔다. 특히 세계적 명작 발레 작품은 말할 것 없고 〈춘향전〉, 〈장희빈〉, 〈심청전〉 등 한국적 소재의 창작 발레 작품을 공연해왔는데 단원들 개개인의 뛰어난 기량과 조화로운 군무(群舞)로 높은 수준을 인정받고 있다.

교방가무(敎坊歌舞) 조선시대에 장악원(掌樂院)의 좌방(左坊)과 우방(右坊)에서 행해지던 춤과 노래를 의미한다.

교방가요(敎坊歌謠)[1] 조선시대의 향악정재(鄕樂呈才) 중 하나. 하지만 독립된 정재라기보다는 교방 여기(女妓)들이 임금이 궁으로 돌아올 때 행하던 환영의 춤과 노래를 의미한다. 춤으로는 주로 〈학무(鶴舞)〉와 〈연화대(蓮花臺)〉가 연출되었다.

교방가요(敎坊歌謠)[2] 1865년 정현석(鄭顯奭)이 춤과 노래에 관해 엮은 책. 무용 분야 연구에도 매우 소중한 자료인데, 여러 정재와 민속무용을 그림과 함께 설명하고 있다. 특히 〈검무(劍舞)〉의 경우 다른 문헌에서 찾아볼 수 없는 유일한 무보(舞譜)로 가치가 높다.

교방굿거리춤(敎坊~) 고려 문종 때부터 조선시대까지 관기 제도에 따라 교방에서 전해져 내려온 춤이다. 굿거리장단에 춤을 추며, 차분하면서 섬세하고 애절한 춤사위로 신비로운 분위기를 자아낸다. 여기서 교방이란, 옛날 관아에서 예기들의 교육을 관장하던 곳이다.

교방무(敎坊舞) 교방(敎坊)에서 가르치고 배워 추었던 춤. 교방이란, 기녀들을 중심으로 한 가무(歌舞)를 관장하던 기관을 말한다. 이것은 고려시대에 기생 학교를 의미했는데, 조선시대에는 장악원(掌樂院)의 좌방(左坊)과 우방(右坊)을 아울러 일컬었다.

교선무(交旋舞) '서로 사귀듯 돌면서 춤을 춘다'라는 뜻. 〈가인전목단(佳人剪牧丹)〉 등의 춤에서, 한 무리가 밖으로 돌면 다른 한 무리는 안으로 돌면서 추는 춤을 말한다.

구장기별기(九張機別伎) 당악정재(唐樂呈才)에 속하는 궁중무용 중 하나. 고려 문종 때 송나라에서 전래되어 조선시대까지 전승되었다.

국립무용단(The National Dance Company of Korea) 1962년 설립된 국립중앙극장 전속 무용단이다. 창단 초기에는 현대무용과 한국무용을 함께 다루었으나, 1973년 국립발레단(Korea National Ballet)과 이원화되면서 한국 전통 민속춤의 재창조와 한국 창자 무용극 정립에 전념하고 있다. 난원 수는 60여 명 안팎이다. 주요 창작 무용극으로 〈왕자호동〉, 〈심청〉, 〈원효대사〉, 〈별의 전설〉, 〈춘향전〉, 〈꿈 · 꿈 · 꿈〉, 〈시집가는 날〉, 〈황진이〉, 〈마의태자〉, 〈도미부인〉 등이 있다.

국립발레단(Korea National Ballet) 1962년 국립무용단으로 설립된 한국의 대표적인 발레단. 1970년 국립무용단과 국립발레단으로 나뉘었고, 1974년 정식으로 독립했다. 단원 수는 50명 안팎이며, 명작 발레인 〈백조의 호수(Swan Lake)〉와 〈호두까기 인형(The Nutcracker)〉 등을 국내에 처음 소개했다. 아울러 1975년에는 〈지젤(Giselle)〉을 처음으로 전막 공연했고 〈신데렐라(Cinderella)〉, 〈코펠리아(Coppé lia)〉 등을 비롯해 〈지귀의 꿈〉, 〈처용〉, 〈왕자호동〉 같은 한국적 창작 발레도 활발히 무대에 올렸다. 지난 1988년 서울올림픽 이후에는 고전발레뿐만 아니라 현대발레도 폭넓게 수용하고 있다.

국수호(鞠守鎬) 1948년 출생. 전라북도 완주 출신의 무용가이다. 서라벌예술대 무용과와 중앙대학교 연극영화학과를 졸업하고, 동대학원에서 민속학을 공부했다. 박금슬(朴琴瑟), 송범(宋范) 등에게 한국무용을 배운 뒤 국립무용단에 입단했으며, 이후 중앙대학교 무용학과 교수를 역임했다. 1987년에는 국수호디딤무용단을 창단해 활발한 활동을 펼치며 오늘에 이르고 있다. 주요 작품으로 〈무녀도〉, 〈대지의 춤〉, 〈한국 환상〉 등이 있다.

군민합무(軍民合舞) 출전무(出戰舞)의 하나. 군사와 백성들이 함께 어우러져 추었던 춤으로, 전쟁터에 나가는 병사들에게 용기를 북돋워 임전무퇴의 정신을 심어주었다.

굿패(~牌) 농악대, 남사당패, 걸립패 등을 통틀어 일컫는 말이다.

궁중무용(宮中舞踊) 왕궁에서 연회나 의식 때 추던 춤을 말한다. 민속무용에 상대되는 것으로, 동작이 우아하고 품위를 강조하는 것이 특징이다. 궁중무용은 국가 기관에 예속되어 보호를 받으며 오랜 세월 동안 체계적으로 역사를 이어왔다. 한국의 궁중무용은 정재(呈才)라고도 하며, 크게 향악정재(鄕樂呈才)와 당악정재(唐樂呈才)로 구분된다.

궁중무용의 특징 궁중무용은 개인의 감정과 개성을 드러내지 않는다. 정해진 형식과 내용에 따라 춤이 진행되는 것이다. 궁중무용에서는 그 시작과 마무리에 춤의 내용을 노래로 설명한다. 창사(唱詞), 치어(致語), 구호(口號)가 그것이다. 또한 대부분의 춤동작과 복장 등은 전통적인 동양 사상, 이를테면 음양오행설(陰陽五行說) 같은 것에 뿌리를 두고 있다. 아울러 궁중무용은 주로 임금 앞에서 춤을 추었기 때문에 고상하고 우아하며 예를 갖춘 동작이 특징이다. 무용수인 무원(舞員)들의 옷차림과 무대 장치도 매우 화려했다.

규식지희(規式之戲) 조선시대 궁중에서 시행된 시각적인 몸짓 위주의 연희를 일컫는다. 그 예로 줄타기, 땅재주, 솟대놀이, 불놀이, 방울놀이 등이 있다.

근천정(覲天庭) 조선 초기의 당악정재(唐樂呈才) 중 하나. 죽간자(竹竿子) 2명, 족자(簇子) 1명과 인인장(引人仗) 등 21명이 늘어선 가운데 선모(仙母) 1명과 협무(挾舞) 2명이 춤을 추었다. 태종이 명나라 황제의 오해를 풀게 된 것을 백성들이 기뻐한다는 내용을 담고 있다.

금척(琴尺) 신라에서, 가야금을 타는 악공을 일컫던 말이다. 춤을 추는 악공은 '무척(舞尺)'이라고 했다.

금척무(金尺舞) 조선 태조 2년인 1393년에 정도전이 만든 춤이다. 조선의 제1대 임금 태조가 왕위에 오르기 전에 꾸었던 꿈에서 신인(神人)으로부터 금척을 받았는데, 그것이 머지않아 국왕이 될 것이라는 계시였다는 내용을 담고 있다. 당악정재(唐樂呈才)로, 조선 후기까지 전승되었다. 〈몽금척(夢金尺)〉 또는 〈금척(金尺)〉이라고도 한다.

기방춤(妓房~) 권번(券番)에서 추던 춤을 말한다. 권번은 궁안에 설치되어 여악(女樂)을 담당하며 음악과 가무(歌舞)를 교습하던 교방(教坊)의 후신으로 일제강점기에 만들어진 명칭이다. 기생학교, 또는 기생조합으로 불리기도 했다.

기본 동작 1963년 육완순(陸完順)이 국립극장에서 열린 귀국 발표회에서 공연한 작품. 그녀는 이 작품을 통해 마사 그레이엄(Martha Graham) 무용의 기본을 선보였다.

기악무(伎樂舞) 6세기 초 백제에서 성행했던 음악이 곁들여진 탈춤. 불교적인 내용을 담았으며, 백제인 미마지(味摩之)가 일본에도 전파한 것으로 알려져 있다.

김매기춤 경기도 김포 지방에 전해져 내려오는 춤. 농부들이 모심기와 김매기를 할 때 호미 같은 농기구를 갖고 춤을 추었다. 이 춤은 공동체 의식을 고취시켜 일의 능률을 높이는 효과가 있었다.

김매자(金梅子) 1943년 출생. 강원도 고성 출신의 무용가이다. 1971년부터 1991년까지 이화여대 무용학과 교수로 후학을 양성했으며, 창무예술원을 설립하고 무용 월간지 〈몸〉을 발행하는 등 무용 발전에 헌신해왔다. 1988년에는 서울올림픽 폐막식 〈떠나는 배〉의 안무를 총괄하기도 했다. 주요 작품으로 〈침향무〉, 〈비단길〉, 〈사물〉, 〈꽃신〉, 〈하늘의 눈〉, 〈심청〉, 〈우주로의 여행〉 등이 있다. 아울러 〈한국무용사〉, 〈세계무용사〉, 〈무용인류학〉 등의 책도 펴냈다.

김문숙(金文淑) 1928년 출생. 서울 출신의 무용가이다. 국립무용단 지도위원, 한국무용협회 고문, 국립무용단 자문위원 등을 역임했다. 아울러 1990년 서울춤아카데미 회장, 1997년 대한민국예술원 회원으로 위촉됐다. 주요 출연 작품으로 〈심청전〉, 〈가사호접〉, 〈만종〉, 〈황진이〉, 〈무용탑〉 등이 있다. 그 밖에 조택원(趙澤元)의 〈신노심불로〉 등을 발굴해 재현하기도 했다.

김백봉(金白峰) 1927년 출생. 평안남도에서 태어난 여성 무용가로, 1943년 최승희무용단 단원이 되어 아시아 각국을 순회 공연했다. 1946년에는 최승희를 따라 평양에 정착해 최승희무용단 제1무용수 겸 상임안무가로 활동했다. 하지만 한국전쟁이 일어나자 월남해 〈승무〉와 〈태평무〉 등을 배웠으며, 1953년 서울에서 김백봉무용연구소를 설립했다. 그리고 이듬해 한국예술무용연구소를 세웠고, 김백봉무용발표회를 통해 창작무용 작품인 〈부채춤〉과 〈화관무〉를 선보였다. 이 춤들은 지금도 우리나라를 대표하는 무용으로 그 입지를 다지고 있다. 그 후 김백봉은 1965년부터 경희대학교 무용과 교수로 재직해 1992년 정년퇴임을 했다. 1995년에는 김백봉춤보존회가 만들어졌고, 1996년에는 최승희의 춤만을 재현하는 공연을 열기도 했다. 그 밖의 주요 작품으로 〈무당춤〉과 〈청명심수〉, 최승희의 〈보살춤〉을 재현한 〈만다라〉, 무용극 〈우리 마을의 이야기〉 등이 있다.

김보남(金寶男) 1912년 출생, 1964년 사망. 서울 출신의 악인(樂人)이며 무용가이다. 이왕직아악부원양성소(李王職雅樂部員養成所)에서 피리를 배운 뒤 아악수(雅樂手)를 거쳐 아악사(雅樂師)가 되었다. 한편 춤에도 재능이 있어 한성준(韓成俊)에게 사사한 뒤 고전무용가로 활동했다. 그는 대학교 등에 출강해 여러 제자들을 가르치기도 했는데, 이애주(李愛珠)도 어린 시절 그에게 춤을 배웠다.

김복희·김화숙무용단 1971년 육완순(陸完順)의 제자인 김복희와 김화숙이 설립한 무용단. 창단 작품은 서울 명동예술극장에서 공연한 〈법열의 시〉 등이었다. 이들은 한국적 현대무용을 추구해 서양에서 유래한 현대무용에 우리의 전통을 접합시키기 위해 노력했다. 이를테면 탈, 부채, 한지 등을 소품으로 사용했고 무용 음악에 가야금과 대금, 목탁 등을 이용했던 것이다. 1992년 두 사람은 예술관의 차이로 결별해 각각 활동을 펼치고 있다.

김선희(金宣希) 이화여자대학과 미국 뉴욕대대학원에서 무용을 전공했다. 또한 러시아국립바가노바발레아카데미 지도자 과정을 졸업했다. 초기에는 국립발레단 등에서 발레리나로 활동했으나, 바가노바 지도자 양성 과정을 마친 뒤 발레 교육자로 방향을 바꿨다. 일본 사이타마국제창작무용콩쿠르, 프랑스 파리국제발레콩쿠르, 불가리아 바르나국제발레콩쿠르에서 심사위원으로 활약하기도 했다. 〈신시〉, 〈장생도〉 등에 출연했고 〈고향생각〉, 〈아침과 저녁〉, 〈속세의 번뇌가〉, 〈승무〉, 〈인어공주〉 등을 안무했다.

김숙자(金淑子) 1927년 출생, 1991년 사망. 경기도 안성 출신의 무용가이다. 어린 시절부터 재인(才人)이었던 아버지에게 춤과 판소리를 배웠다. 1962년 당시 문화공보부에서 주최한 예술제에서 창무극(唱舞劇) 〈이순신〉으로 상을 받은 뒤 본격적으로 이름을 알리기 시작했다. 특히 〈살풀이춤〉, 그 중에서도 〈경기도 살풀이춤〉에 뛰어나 그 분야의 최고 실력자로 인정받았다. 그 결과 1990년 중요무형문화재 제97호 〈살풀이춤〉의 예능보유자로 지정되었다.

김영희(金映希) 1957년 출생. 대구 출신의 무용가이다. 이화여자대학교와 동대학원에서 무용을 전공했다. 한국무용연구회 이사, 현대춤협회 이사를 거쳐 이화여자대학교 무용학과 교수로 후학을 양성하고 있다. 1995년에는 김영희무트댄스를 창단했다. 주요 안무 작품으로 〈나의 대답 Ⅰ〉, 〈나의 대답 Ⅱ〉, 〈그들을 그렇게 어디로 가는가〉, 〈계시록〉, 〈부모은중경〉, 〈내 안의 내가〉 등이 있다. 아울러 〈한국무용사(공저)〉, 〈호흡창작기본〉 등의 책을 펴냈다.

김옥주(金玉珠) 1907년 출생, 1978년 사망. 경남 진주 출신의 무용가이다. 어린 시절 김자진(金子眞)에게 〈검무(劍舞)〉

를 배운 뒤 평생 매진해, 1967년 중요무형문화재 제12호인 〈진주검무(晋州劍舞)〉의 예능보유자로 인정받았다.

김용걸(金容傑) 1973년 출생. 부산 출신의 발레무용가이다. 성균관대학교에서 무용을 전공한 뒤, 국립발레단 수석무용수와 파리오페라발레단 솔리스트로 활동했다. 2009년부터는 한국예술종합학교에서 후학을 양성하고 있다. 주요 출연작으로 〈스파르타쿠스〉, 〈돈키호테〉, 〈노트르담의 꼽추〉, 〈파키타〉, 〈레이몬다〉 〈해적〉 등이 있다.

김진걸(金振傑) 1926년 출생, 2008년 사망. 서울 출신의 무용가이다. 1955년 동양극장에서 첫 공연을 가진 이래, 모두 11차례의 개인 발표회를 여는 등 왕성한 활동을 펼쳤다. 그는 규모가 큰 무용극보다 무용시 형태에 관심이 많아 〈산조(散調)〉 등의 걸작을 만들었다. 아울러 김진걸무용연구소를 설립해 김영희, 조흥동, 이운철, 정명숙, 문일지 같은 재능 있는 무용 인재들을 배출했다. 그 밖의 주요 출연 작품으로 〈영은 살아 있다〉, 〈심청〉 등이 있고 주요 안무 작품으로는 〈배신〉, 〈향토의 선율〉, 〈초혼〉 등이 있다.

김천흥(金千興) 1909년 출생, 2007년 사망. 서울 출신의 국악인 겸 무용가이다. 1926년 이왕직아악부원양성소(李王職雅樂部員養成所)를 졸업한 후 궁중행사의 악사로 활동했다. 특히 해금에 뛰어난 재능을 발휘했고, 아쟁과 양금도 연주했다. 그 후 1932년에는 한성준(韓成俊)에게 민속춤을 배우면서 무용 분야에도 관심을 기울여, 1955년에 김천흥고전무용소를 열었다. 그리고 이듬해에는 궁중무용을 재현한 한국무용발표회를 개최하기도 했다. 그런 노력의 결과로 그는 1960년대 이후 중요무형문화재 제1호인 종묘제례악(宗廟祭禮樂)의 해금과 일무(佾舞) 기예능보유자가 되었다. 아울러 이화여자대학교 등에서 후학을 양성했으며, 1983년 중요무형문화재예술단을 창단해 중요무형문화재의 올바른 전수와 보급에 힘썼다. 주요 작품으로 〈처용랑(處容郎)〉과 〈만파식적(萬波息笛)〉 등이 있고 〈한국무용의 기본 무보〉, 〈정악 해금보〉 등의 저서를 남겼다.

김해랑(金海郎) 1915년 출생, 1969년 사망. 경상남도 마산 출신의 무용가이다. 어린 시절 동래권번에서 춤을 접한 뒤 일본으로 유학을 떠나 이시이 바쿠(石井漠)와 최승희(崔承喜)에게 사사해 현대무용과 고전무용을 두루 익혔다. 귀국 후 1953년에는 한국무용예술인협회를 창립해 초대 이사장을 역임했다. 그리고 1957년 김해랑무용연구소를 개설해 후진 양성에도 힘썼다. 주요 출연작으로 〈사랑의 흐름〉, 〈세레나데〉, 〈시집가는 날〉, 〈덧배기춤〉, 〈번뇌와 참선〉 등이 있다.

김현자(金賢慈) 1947년 출생. 서울 출신의 한국무용가이다. 이화여자대학에서 무용을 전공했다. 부산시립무용단과 국립무용단 단장을 역임했으며, 부산대학교와 한국예술종합학교에서 후학을 양성했다. 데뷔작 〈황진이〉 등을 비롯해 국수호가 안무한 〈명성황후〉와 〈오셀로〉에서 주연을 맡았다. 그 밖에 주요 안무 작품으로는 〈심청이야기〉, 〈하늘에 피는 꽃〉, 〈황금가지〉, 〈샘〉, 〈비어 있는 돌〉 등이 있다. 저서 〈생춤의 세계〉도 펴냈다.

김혜식(金惠植) 1944년 출생. 서울 출신의 무용가이다. 이화여자대학교에서 무용을 전공한 뒤, 영국 로열발레어퍼스쿨과 아메리칸발레시어터스쿨에 유학했다. 국립발레단과 취리히무용단 등에서 활동했고, 이화여자대학교와 캘리포니아주립대학교에서 후학을 양성했다. 아울러 국립발레단 단장 및 한국예술종합학교 무용원 초대 원장으로 취임해 발레를 비롯한 한국 무용 발전에 많은 역할을 했다. 그녀는 발레의 본고장에서 직접 교육을 받았고, 해외 발레단에 입단했으며, 미국 대학에서 발레 교육자로 인정받은 특별한 재능의 소유자였다. 주요 출연작으로 〈백조의 호수〉 같은 세계적 명작 발레와 〈흑과 백〉, 〈토미〉 등이 있으며 〈에테르니테〉, 〈까르미나 브라나〉, 〈라 바야데르〉 등을 안무했다.

까치걸음 〈봉산탈춤〉에서, 한 장단에 두 발 걸음으로 걸어가는 발동작을 말한다. 〈승무〉에서도 빠른 걸음으로 걷는 춤사위를 일컫는다.

깨끔춤 활달하게 추임새를 넣어가며 추는 허튼춤. 주로 남성들이 손뼉을 치고 발을 차올리며, 한쪽 발을 든 채 빙빙 맴을 돌기도 하면서 '얼씨구' 같은 추임새로 흥을 돋운다. 일종의 '입춤(立~)'이라고 할 수 있는데, 이와 같은 허튼춤은 형식에 얽매이지 않고 즉흥적으로 추는 서민적인 춤이다. 지역과 사람에 따라 허튼춤을 일컫는 명칭이 매우 다양하다.

깨끼리 오른쪽 다리를 굽혀 들고 두 팔을 활개펴기 했다가, 오른 무릎 위에 차례로 손을 얹어가며 추는 춤사위를 말한다. 〈양주별산대놀이(楊洲別山臺~)〉 등에서 볼 수 있다.

깨끼춤 서울과 경기 지방의 산대놀이에 쓰이는 춤사위를 말한다. 타령 장단에 맞춰 재미있게 추는 춤으로, 양주별산대놀이에서 많이 볼 수 있다. 날카롭고 깊이 있는 격식의 멋을 부리는 춤으로, 동작 하나하나의 명칭과 춤사위가 분명하다.

꼬부랑할미춤 경상남도 밀양에서 백중놀이(百中~) 때 행해지던 병신춤. 양반들의 차별에 시달리던 상민이나 천민들이 지팡이를 짚고 허리를 구부려 할머니 흉내를 내며 추었던 춤이다. 이것은 노인에 대한 조롱이 아니라 양반들의 위선을 풍자하며 울분을 토로하는 수단이었다.

ㄴ

나비춤 불교 의식에서 재(齋)를 올릴 때 추는 춤인 작법(作法) 중 하나. 나비가 나는 모양을 흉내내어 춘다. 완만하고 느린 동작으로 구성되며 '착복무(着服舞)'라고도 한다. 이 춤에는 대개 일정한 장단이 없는 범패(梵唄)와 요령, 태징, 목탁, 북 등의 반주가 사용된다. 매우 조심스럽고 정중한 춤으로, 흔히 2명 또는 4명이 춤을 춘다.

나의 자서전 최승희(崔承喜)의 자서전. 1936년 출판되었다. 지난 2006년 〈불꽃〉이라는 제목으로 국내에서 재출간되었는데, 무용에 대한 그녀의 열정과 조선무용에 대한 사명감을 확인할 수 있다.

낙수(落袖) 앞으로 세 걸음 나간 다음 합장단(合~)에 따라 두 팔을 뒤로 뿌리는 춤사위를 말한다. 합장단이란, 장구의 북편과 채편을 한꺼번에 치는 장단을 일컫는다. 〈춘앵전(春鶯囀)〉에서 볼 수 있다. '탑수(搭袖)', '타원앙장(打鴛鴦場)'이라고도 한다.

낙화유수(落花流水) 사전적으로 여러 가지 의미가 있지만, 전통무용에서는 두 팔을 양쪽 어깨로 들었다가 뿌리는 춤사위를 말한다. 〈처용무(處容舞)〉 등에서 볼 수 있다.

난쟁이춤 경상남도 밀양에서 백중놀이(百中~) 때 행해지던 병신춤의 하나. 양반들의 차별에 시달리던 상민이나 천민들이 왜소증 장애가 있는 사람을 흉내내며 추었던 춤이다. 이것은 장애에 대한 조롱이 아니라 양반들의 위선을 풍자하며 울분을 토로하는 수단이었다. '주유희(侏儒戲)'도 같은 의미의 말이다.

날뫼북춤 대구광역시 서구 비산동 일대에 전승되어오는 북춤. 북만 가지고 추는 북춤으로, 경상도 특유의 덧배기가락에 맞추어 춤을 춘다. 일반적으로 날뫼북춤의 구성 인원은 15명이며, 모두 흰 바지저고리에 흰 머리띠를 두르고 옛날 전투복인 감색 쾌자(快子)를 입는다.

남무(男舞) 조선시대 민속무용 중 하나. 많은 사람들이 즐기는 민속춤으로 일반화되지는 못했고, 기생이 남성으로 분장하여 추었던 춤이다. 남성으로 분장한 기생과 또 다른 기생이 서로 애정 행각을 펼치는 형태로 진행되기도 했다. '남무반이'라고도 하며, 반주 음악으로는 〈삼현영산회상(三絃靈山會相)〉이 사용되었다. 또는 남무가 말 그대로 남성들이 추는 춤을 일컫기도 한다.

남사당(男寺黨) 조선 후기, 춤과 노래 등을 익혀 전국을 떠돌아다닌 일종의 유랑 연예인 집단을 말한다. 원래는 남성들만으로 구성되었으나, 1900년대 이후 일부 여성들이 포함되었다. 흔히 '남사당패'라고 불리며, 우리나라의 몇몇 떠돌이 예인 집단 가운데 그 규모와 수준이 첫 손가락에 꼽힌다. 하지만 남사당의 발생 과정이나 역사적 연원을 정확히 밝히기에는 자료가 부족하다.

남산신무(南山神舞) 탈춤의 일종. 신라 헌강왕 때 호국신(護國神)인 남산신이 추었으며, 임금도 산신탈을 쓰고 함께 춤을 추었다고 한다.

남악(男樂) 궁중의 외진연(外進宴)에서 무동(舞童)들이 행하던 춤과 노래. 처음에는 외빈을 위한 잔치에만 쓰이다가, 세종 때 궁중 아악(雅樂)과 속악(俗樂)에 모두 이용되었다. '아악'은 고려시대에 중국에서 들여와 박연이 새로 완성시킨 음악이며, '속악'은 우리 고유의 전통 궁중 음악을 중국 계통의 아악에 상대하여 이르는 말이다.

남정호(南貞鎬) 1952년 출생. 부산 출신의 무용가이다. 이화여자대학과 동대학원에서 무용을 전공한 뒤, 프랑스 렌느 Ⅱ대학과 소르본느대학에 유학했다. 프랑스에서 장-고당 무용단 단원으로 활동했으며, 귀국 후에는 현대무용단 줌(Zoom)을 창단했다. 아울러 경성대학과 한국예술종합학교 등에서 교수를 역임하며 후진 양성에도 힘썼다. 그녀는 한때 미국 스타일 일변도였던 한국 현대무용에 프랑스 현대무용을 접목시켜 새로운 바람을 불러일으켰다. 주요 안무 작품으로 〈안녕하세요〉, 〈비밀의 뜰〉, 〈도시 이야기〉,

〈목신의 오후〉, 〈빨래〉, 〈허수아비〉, 〈사랑을 찾아서〉 등이 있다. 또한 〈현대무용 감상법〉 등의 저서도 펴냈다.

내고(內顧) 정재(呈才)에 관련된 용어 중 하나. 안쪽으로 돌아보는 동작을 일컫는다. 〈학무(鶴舞)〉 등에서 볼 수 있다.

내무(內舞) 여러 줄로 벌려서 춤을 출 때 안쪽 줄에 서서 춤을 추는 것, 또는 그런 사람을 일컫는다.

내선(內旋) 궁중무용에 관련된 용어. 안쪽으로 돌아서거나, 안쪽으로 도는 동작을 말한다. 〈학무(鶴舞)〉 등에서 볼 수 있다.

내수(內袖) 궁중무용에 관련된 용어. 손을 들어 소매를 안으로 여미면서 가슴에 대는 춤사위를 말한다.

내족(內足) 궁중무용에 관련된 용어. 왼쪽에 선 사람의 왼쪽 발과 오른쪽에 선 사람의 오른쪽 발을 일컫는다.

노(櫓) 1989년 문일지(文一枝)가 발표한 작품. 어부들의 노동을 통해 한민족의 씩씩한 기상과 굳건한 의지를 드러냈다. 몸 전체를 이용한 굴신(屈伸)과 자유분방한 듯 사방으로 움직이는 춤사위가 관객들의 눈길을 사로잡았다.

노승춤(老僧~) 〈봉산탈춤〉 등에서 노장중이 나와 추는 춤을 말한다. 살아 있는 부처라고 추앙받던 노장이 소무(小巫)에게 유혹되어 파계하는 장면을 보여준다. '노장춤(老長~)'이라고도 한다.

노장(老長) 탈춤에 등상하는 주요 인물 중 하나. 탈춤의 종류에 따라 가면과 복장의 형태는 다르지만, 공통적으로 긴 염주를 목에 걸고 부채를 든다. 대개 승려 역할로 등장하는데, 파계승(破戒僧)을 상징한다.

노장춤(老長~) '노승춤(老僧~)'을 일컫는 다른 이름. 대사는 없으며, 느릿한 한삼춤을 추는 것이 특징이다. 노장은 소무(小巫)와 어울려 놀다가 취발이에게 패하여 퇴장한다.

녹두꽃이 떨어지면 1994년 한상근(韓相根)이 안무한 작품. 동학농민운동 100주년을 기념해 만들어졌으며, 안무가 자신이 전봉준 역할을 맡아 열연했다.

농검(弄劍) 궁중무용에 관련된 용어. '검을 어르며 논다'라는 뜻이다. 대개 검을 들기 전에 하는 동작을 일컫는데, 이따금 검을 든 후에 이런 동작을 펼치기도 한다. 〈첨수무(尖袖舞)〉, 〈공막무(公莫舞)〉 등에서 볼 수 있다.

농악무(農樂舞) 한국의 민속무용 중 하나. '농무(農舞)'라고도 한다. 원시 군중 무용이 조선시대로 이어오며 점차 발달한 것이다. 꽹과리, 징, 소고, 태평소 등의 소리에 맞춰 벙거지에 매단 털이나 띠를 빙빙 돌리며 춤을 춘다. 농악무는 상모놀이에 중점을 두는 '윗놀이춤'과 손짓과 발짓을 다양하게 이용하는 '밑놀이춤'으로 구분할 수 있다. 농악무에는 노동에 대한 농민들의 가치관이 잘 반영되어 나타난다. 힘겨운 노동의 피로를 풀기 위해 낙천적이고 활기찬 율동과 흥겨운 장단으로 이루어지는 것이 일반적이다.

ㄷ

답구희(踏毬戲) '호선무(胡旋舞)' 참조. 고구려 춤의 하나로, 커다란 공 위에 무녀(舞女)가 올라가 이리저리 공을 굴리며 추던 춤이다. 활달하게 곡예 같은 기교를 보이는 것이 특징이다.

답사행가무(踏沙行歌舞) 고려 문종 때 중국 송나라에서 들어온 당악정재(唐樂呈才) 중 하나이다. 이것은 처음으로 전래된 사악(詞樂)이기도 하다. 여기서 말하는 사악이란, 고려시대에 송나라에서 들어와 〈고려사(高麗史)〉 악지(樂志)에 소개되어 있는 중국 음악을 말한다. 사악은 춤과 함께 연주되었다.

당악무(唐樂舞) '당악정재(唐樂呈才)' 참조. 당악에 맞추어 추는 궁중무용을 일컫는다.

당악정재(唐樂呈才) 고려 문종 때 송나라에서 들어온 궁중무용이다. 개인적인 정서보다는 왕실의 번영을 기원하는 내용을 담았다. 여기서 '정재(呈才)'는 궁궐 안에서 벌이던 춤과 노래를 말한다. 당악정재는 무용수가 죽간자(竹竿子)를 갖추고 한문으로 된 창사(唱詞)와 치어(致語)를 부른다. 그 예로 〈오양선〉, 〈장생보연지무〉, 〈처용무〉, 〈포구락〉, 〈하성조〉 등이 있다.

대금무(碓琴舞) 807년 신라 애장왕 때 처음 행해진 두 가지 춤 가운데 하나. 다른 하나의 춤은 사내금무(思內琴舞)이다. 대금무는 신라 초기 백결 선생이 안무했다는 설이 있다. 구성 인원은 알 수 없지만, 금척(琴尺)이 푸른 옷을 입고 가야금을 연주하면 무척(舞尺)이 붉은 옷을 입고 춤을 추었다는 기록이 있다.

대모반(玳瑁盤) 조선 순조 때 〈무산향(舞山香)〉에 쓰였던 무구(舞具). 침상처럼 생긴 이동무대이다. 규격은 깊이 7척, 높이 1척 3촌, 넓이 4척 6촌 5푼이다.

대면(大面) 신라 때 행해지던 다섯 가지 놀이인 신라오기(新羅五伎) 중 하나. 황금색 탈을 쓰고 구슬 달린 채찍을 잡아 귀신 쫓는 시늉을 하며 추었던 춤이다. 최치원의 글에 대면을 일컬어 '빠른 걸음 느린 가락에 우아한 춤을 추니 봄날 봉황이 춤을 추는 듯하다.'라고 묘사한 구절이 있다.

대무(對舞) 한국 전통무용에서 상대방 무용수를 마주 대하고 추는 춤, 또는 그런 춤동작을 말한다. '상대무(相對舞)'라고도 한다.

대섬수(大閃袖) 한국 전통무용에서, 한 팔씩 앞으로 얹는 춤사위를 말한다. 〈춘앵전(春鶯囀)〉 등에서 볼 수 있다.

대수(擡袖) 한국 전통무용에서, 한쪽 팔씩 장단에 맞추어 앞으로 내미는 춤사위를 말한다. 〈춘앵전(春鶯囀)〉 등에서 볼 수 있다.

대구시립무용단 1981년 설립된 대구광역시 산하의 현대무용단이다. 김기전 안무의 〈산〉으로 창단 공연을 가진 이후 정기공연 및 무용제 출전, 각종 행사 참여 등 활발한 활동을 펼쳐왔다. 한국적인 현대무용을 지향하는 대구시립무용단은 거의 모든 공연에 새롭게 창작된 음악을 사용하는 등, 지역 무용단의 한계를 뛰어넘어 우리나라 현대무용의 발전과 대중화에 공헌하고 있다.

대전시립무용단 1985년 설립된 대전광역시 산하의 무용단이다. 창단 이후 매년 2회의 정기공연을 비롯해 다양한 국내외 행사에 참여하는 등 활발한 활동을 펼치고 있다. 특히 지역의 특성을 살린 한국무용 작품을 무대에 올리려고 노력해왔는데, 〈삼거리애환〉은 그 결실 중 하나이다. 이 작품은 충청남도 소재 천안삼거리의 전설을 소재로 한 것으로, 대전시립무용단의 주요 레퍼토리가 되어 지역민의 자긍심을 높이고 있다.

대지의 춤 1987년 국수호(鞠守鎬)가 안무한 작품. 원시적 제의와 공동체에 관한 묘사가 웅장한 이미지로 그려져 있다.

대한민국무용제 조동화(趙東華) 등의 노력으로 1979년 제1회 대한민국무용제가 열렸다. 그 목적은 무용의 예술적 지위를 음악과 연극 못지않게 향상시키는 것이었다. 그 후 1990년 '서울무용제'로, 1995년 '서울국제무용제'로 무용제의 명칭이 바뀌었다. 무용 장르에 따른 참여의 제한은 없지만, 출품 작품은 발표되지 않은 창작무용이어야 한다.

덧뵈기춤 잔가락이 많은 흥겨운 춤으로, 〈오광대(五廣大)〉 등 경상도 지방의 가면극에서 사용되는 대표적인 춤사위다. '덧배기춤'이라고도 한다.

도굿대당기기 전라남도 진도에서 〈강강술래〉를 할 때 행하는 놀이의 하나. 놀이꾼들이 두 패로 나뉘어 한 줄로 선 뒤 가운데에 절굿공이를 놓고 맨 앞사람들이 양쪽 끝을 각각 잡으면 뒷사람이 저마다 앞사람의 허리를 잡고 잡아당긴다.

도굿대춤 팔만 벌리거나, 몸의 관절만 움직이거나, 또는 아래위로만 움직이면서 제멋대로 추는 춤을 말한다. '입춤(立~)'이라고도 하며 '배김새춤, 막대기춤, 몽둥이춤, 절굿대춤, 일자활개펴기춤, 번개춤'이라고도 한다.

도랑춤 제주도 무굿에서 무당들이 추는 춤을 말한다. 빙빙 도는 동작이 많고, 격렬한 춤사위가 특징이다.

도무(跳舞) 펄쩍펄쩍 뛰면서 추는 춤사위를 말한다.

도살풀이춤 살(煞)을 푸는 민속무용의 일종. 경기도 지방에서 살풀이춤을 일컫는 말로, 중요무형문화재 제97호로 지정되었다. 경기도 살풀이춤 또는 도살풀이춤이라고 하면, 흔히 김숙자(金淑子) 류의 살풀이춤을 가리킨다.

도솔가무(兜率歌舞) 신라시대의 전통무용 중 하나. 다른 설이 있기는 하지만, 〈삼국사기〉와 〈삼국유사〉에는 신라 제3대 유리왕 때 생겨난 것으로 기록되어 있다.

도수아(掉袖兒) 궁중무용에 관련된 용어. '팔을 위로 들어올린다'라는 뜻이다. 〈춘앵전(春鶯囀)〉에서 한 팔씩 원형으로 얹을 때, 오른쪽을 먼저 하고 왼쪽을 나중에 하는 춤사위를 일컫는다.

도약이무(跳躍而舞) 궁중무용에 관련된 용어. 뛰어오르듯이 춤을 추는 동작을 말한다. 〈연화대(蓮花臺)〉 등에서 볼 수 있다.

동동무(動動舞) 고려의 향악정재(鄕樂呈才) 중 하나. 궁중에서 아박을 들고 동동사(動動詞)를 부르며 추던 대무(對舞)로, 조선시대까지 전승되었다. 아박무(牙拍舞)라고도 하는데, 여기서 '아박'은 짐승의 뼈로 만든 고려시대의 타악기이며 '동동사'는 고려가요이다.

동래고무(東萊鼓舞) 부산광역시 동래구에 전승되는 북춤. 정재(呈才)도 아니고 순수한 민속무용도 아닌, 교방무(敎坊舞)

의 한 유형이다. 큰 북을 가운데 놓고 4명의 무용수가 북을 치면서 춤을 추면, 다른 4명의 무용수가 노래를 부르면서 어울려 춤을 춘다.

동래들놀음(東萊~) 부산광역시 동래 지역에 전해오는 탈춤. '동래야유(東萊野遊)'라고도 한다. 모두 네마당으로 구성되어 있으며, 특히 첫째마당에는 여느 탈춤과 달리 나병환자가 등장하는 특징이 있다. 중요무형문화재 제18호이다.

동래학춤(東萊鶴~) 부산 동래 지방에 전승되어오는 학춤을 말한다. 동래들놀음이나 줄다리기를 할 때 추었던 춤인데, 궁중무용의 학춤과 달리 학의 우아한 몸짓을 표현하면서도 소박한 특징이 있다. 자유분방한 즉흥성과 개인적인 흥이 강조된다. 북, 장구, 꽹과리, 징 등의 굿거리장단에 맞추어 춤을 춘다.

동양의 무희 최승희(崔承喜)는 1936년부터 4년간 세계무대로 진출해 유럽 여러 나라와 미국, 중남미 지역에까지 이름을 떨쳤다. 1938년 개최된 세계무용경연대회에서는 마리 비그만(Mary Wigman), 루돌프 폰 라반(Rudolf von Laban), 세르주 리파르(Serge Lifar) 등과 함께 심사위원으로 위촉될 정도였다. 그러자 세계 각국의 무용 관계자들은 그녀를 '동양의 무희'라는 애칭으로 부르며 찬사를 보냈다.

두꺼비춤 경상도 지방에 전해져 내려오는 춤이다. 토테미즘(totemism)의 영향을 받아 생겨난 것으로, 보통 머리에 수건을 동여매고 저고리의 앞뒤를 바꿔 입은 우스꽝스런 차림새로 두꺼비의 행태를 흉내내며 춤을 추었다.

두레춤 양 손을 번갈아 앞으로 펴고 꺾거나, 팔목을 좌우로 꺾으면서 추는 허튼춤이다. 추임새를 넣어 흥을 돋우기도 한다. 일종의 '입춤(立~)'이라고 할 수 있는데, 이와 같은 허튼춤은 형식에 얽매이지 않고 자유롭게 추는 서민적인 춤으로 지역과 사람에 따라 그 명칭이 다양하다.

두어춤 〈탈춤〉에서, 하인 신분인 말뚝이가 양반을 조롱하는 몸짓을 표현하는 춤을 말한다.

등반(登攀) 1926년 3월, 이시이 바쿠(石井漠)가 경성공회당에서 공연한 작품 중 하나. 험준한 산을 오르는 남녀의 모습을 표현했다. 이시이 바쿠는 이 작품에서 무대를 단지 4번 가로지르는 절제된 구성 연출을 했으며, 1925년 초연한 이래 자신의 대표작으로 레퍼토리에 포함시켰다.

땅굿 1980년 문일지(文一枝)가 안무한 작품. 그녀는 주로 역사적 사실을 담은 무용극을 창작했는데, 이 작품의 경우 유관순의 일대기를 무용극 양식으로 전개한 것이다.

떠도는 혼 1991년 배정혜(裵丁慧)가 발표한 작품. 씻김굿을 현대적인 제의 형식으로 해석해 문명 사회의 모순으로 고통

받다가 죽어간 영혼들을 위로했다.

떨떨이춤 경상남도 밀양에서 백중놀이(百中~) 때 행해지던 병신춤의 하나. 양반들의 차별에 시달리던 상민이나 천민들이 팔을 떨며 비트는 장애가 있는 사람을 흉내내며 추었던 춤이다. 이것은 장애에 대한 조롱이 아니라 양반들의 위선을 풍자하며 울분을 토로하는 수단이었다.

ㄹ

럭키창작무용단 1984년 김현자(金賢慈)가 설립한 한국창작무용단의 새로운 명칭. 당시 대기업 럭키금성의 후원으로 창단되어 많은 화제를 불러모았으나, 1988년 4년 만에 해체되고 말았다. 그 사이 한국무용의 현대화에 주력하며 〈황금가지〉, 〈윤사월〉, 〈바람개비〉 등을 무대에 올렸다.

리을무용단 1984년 배정혜(裵丁慧)가 창단한 무용단. 전통춤을 바탕으로 한국 창작무용의 활성화에 힘써왔다.

ㅁ

막대기춤 팔을 옆이나 사선으로 펴서 추는 허튼춤. 넓은 의미로는 팔만 벌리거나, 몸의 관절만 움직이거나, 또는 아래위로만 움직이면서 제멋대로 추는 춤을 말한다. '입춤(立~)'이라고도 하며 '배김새춤, 도굿대춤, 몽둥이춤, 절굿대춤, 일자활개펴기춤, 번개춤'이라고도 한다.

만수무(萬壽舞) 조선시대 궁중무용 중 하나. 당악정재(唐樂呈才)인 〈헌선도(獻仙桃)〉를 본받아 만들어진 향악정재(鄕樂呈才)이다. 1828년 순조 28년에 만들어졌으며, 임금에게 선도(仙桃)를 올리면서 만수무강을 기원하는 내용이다. 그 후 고종 때 각종 연회를 비롯해 순종의 50회 생일, 영친왕 내외의 환국 잔치 등에서도 이 춤이 공연되었다.

만종(晩鐘) 1935년 조택원(趙澤元)이 발표한 무용 작품. 그의 대표작 중 하나로, 장 프랑수아 밀레(Jean Francois Millet)의 〈만종(L′ Angélus)〉을 테마로 해서 창작한 2인무이다. 음악으로는 프레데리크 쇼팽(Frédéric Chopin)의 〈야상곡(nocturne)〉이 사용되어, 마치 한 편의 서사시 같은 아름다움을 표현했다. 이 작품에서 조택원의 상대역은 박외선(朴外仙)이 맡았다.

만파식적(萬波息笛) 1969년 김천흥(金千興)이 발표한 무용 작품. 대금에 얽힌 아름다운 전설을 극화한 것이다.

망선문(望仙門) 조선시대 궁중무용 중 하나. 순조 때 효명세자가 만들었으며, 향악정재(鄕樂呈才)에 속한다. 6명의 무용수가 등장하는데, 4명은 작선(雀扇)을 들고 2명은 당(幢)을 든다. 그 중 당을 든 2명이 춤을 춘다.

매듭춤 동작의 끝맺음이 분명한 춤사위 또는 그런 춤을 일컫는다.

맹가나무 이야기 1987년 문일지(文一枝)가 서울시립무용단에서 발표한 작품. 마임 같은 동작을 일부 볼 수 있으며, 암시적인 극적 구성을 이루고 있다.

먹중 먹장삼을 입은 승려를 일컫는다. 〈봉산탈춤〉, 〈양주별산대놀이〉 등에 등장하는 인물들 중 하나이다. '목중'이라고도 한다.

먹중춤 탈놀이에서, 먹중들이 노승(老僧)을 놀리고 꾀기 위해 하나씩 나와 추는 춤을 말한다. 익살스러운 분위기를 띤다. 먹중이란, 먹장삼을 입은 승려를 일컫는다. '목중춤'이라고도 한다.

면복(俛伏) 궁중무용에 관련된 용어. 양손을 모으고 무릎을 꿇어 허리를 숙여서 엎드리는 동작을 말한다. 〈육화대(六花隊)〉, 〈수보록(受寶籙)〉, 〈헌선도(獻仙桃)〉 등에서 볼 수 있다.

면복흥퇴(俛伏興退) 향악정재(鄕樂呈才)의 경우 춤이 끝나면 꿇어앉아 엎드려 절하고 일어나서 바로 퇴장한다. 그와 같은 향악정재의 퇴장 방법을 일컫는 말이 '면복흥퇴'이다. 참고로, 당악정재(唐樂呈才)에서는 죽간자(竹竿子)의 인도를 받아 퇴장한다.

모갑이(某甲~) 남사당(男寺黨)의 우두머리를 말한다. '꼭두쇠'라고도 부른다. 그 밑에 일종의 기획자인 곰뱅이쇠, 각 분야의 선임자인 뜬쇠, 숙련된 춤꾼 및 연기자인 가열, 초보자인 삐리, 잔심부름을 하는 등짐꾼 등이 있었다.

목중 먹장삼을 입은 승려를 일컫는다. 〈봉산탈춤〉, 〈양주별산대놀이〉 등에 등장하는 인물들 중 하나이다. '먹중'이라고도 한다.

목중춤 탈놀이에서, 목중들이 노승(老僧)을 놀리고 꾀기 위해 하나씩 나와 추는 춤을 말한다. 익살스러운 분위기를 띤다. 목중이란, 먹장삼을 입은 승려를 일컫는다. '먹중춤'이라고도 한다.

몽금척(夢金尺) 금척무(金尺舞) 참조. 금척무 또는 금척(金尺)을 일컫는 다른 이름으로, 조선 태조 2년인 1393년 정도전이 만든 춤이다. 당악정재(唐樂呈才)로, 조선 후기까지 전승되었다.

몽둥이춤 몸 전체를 거칠게 움직이면서 추는 허튼춤. 넓은 의미로는 팔만 벌리거나, 몸의 관절만 움직이거나, 또는 아래위로만 움직이면서 제멋대로 추는 춤을 말한다. '입춤(立~)'이라고도 하며 '배김새춤, 도굿대춤, 막대기춤, 절굿대춤, 일자활개펴기춤, 번개춤'이라고도 한다.

무고(舞鼓) 고려의 향악정재(鄕樂呈才) 중 하나. 무고라는 북을 가운데 놓고 원무(元舞) 4명, 협무(挾舞) 4명, 모두 8명의 사람들이 여러 가지 형태를 구성하며 추는 춤이다. 무용 음악으로는 삼현도드리, 염불도드리, 삼현타령이 쓰인다.

무구(舞具) 무용을 할 때 무용수가 직접 손에 들거나 무대에 배치하는 도구를 말한다. 이를테면 〈검무(劍舞)〉의 칼, 〈무산향(舞山香)〉의 대모반(玳瑁盤), 〈영지무(影池舞)〉의 영지(影池) 등이 그것이다. '의물(儀物)'이라고도 한다.

무기(舞妓) 궁중에서 연회나 의식을 행할 때 춤을 추던 기생을 말한다.

무녀도 1984년 국수호(鞠守鎬)가 안무한 작품. 작가 김동리의 소설을 바탕으로 만들었으며, 생동감 있는 색채감과 한국 전통 악기의 애절한 연주가 돋보였다.

무당춤 무당이 굿을 할 때 추는 춤을 말한다. 원시적이 요소가 짙으며, 지역마다 춤사위에 차이가 있다. 아울러 일반적인 궁중무용이나 민속무용과도 춤사위가 크게 다르다. 흔히 부채, 칼, 삼지창, 방울 등의 무구(舞具)가 사용된다. '무무

(巫舞)'라고도 한다.

무도(舞蹈) 춤을 추며 앞으로 나아가는 동작을 말한다. '무진(舞進)', '족도(足蹈)', '도무(蹈舞)'라고도 한다.

무동(舞童) 조선시대 궁중 연회 때 춤을 추고 노래를 부르던 아이를 말한다. 또한 농악패나 걸립패 등에서 놀이꾼의 목말을 타고 춤추고 재주 부리던 아이를 일컫기도 한다.

무동연희장(舞童演戲場) 1899년 세워진 우리나라 최초의 실내극장을 일컫는 말. 당시 서울 각지에 이러한 이동식 가설무대가 만들어져, 민간으로 나온 궁중무용 등이 공연되었다. 이 명칭은 그와 같은 사실을 보도한 〈황성신문〉의 기사에서 비롯되었다.

무동춤(舞童~) 남사당패나 풍물놀이에서 어린아이가 놀이꾼의 어깨 위에 올라가 추는 춤을 말한다. 주로 어린 소년에게 여장을 시켜 팔을 구부리고 펴는 것처럼 단순한 동작을 반복시켰다.

무릎디피무 궁중무용에 관련된 용어. '무릎을 깊이 굽혔다 펴면서 춤을 춘다'라는 뜻이다. 〈처용무(處容舞)〉 등에서 볼 수 있다.

무무(武舞) 조선시대의 종묘나 문묘 제례 때 여러 사람이 줄을 지어 서서 추던 일무(佾舞)의 하나. 고인의 무공(武功)을 송축하는 의미를 가졌으며, 종묘 및 문묘 제례의 아헌(亞

獻)과 종헌(終獻)의 순서에서 추었다. 이 때 정대업지무(定大業之舞)에서는 검이나 창, 활을 들었고 문묘(文廟) 때는 왼손에 방패인 간(干), 오른손에 도끼 모양의 척(戚)을 들었다.

무무(巫舞) '무당춤' 참조. 무당이 굿을 할 때 추는 춤을 말한다. 원시적이 요소가 짙으며, 지역마다 춤사위에 차이가 있다. 이를테면 북한 지역은 도무(跳舞)가 많고, 경상도와 강원도 등 동해안 지방은 팔을 머리 위로 쭉 뻗어 흔드는 식이다. 흔히 부채, 칼, 삼지창, 방울 등의 무구(舞具)가 사용된다. '무당춤'이라고도 한다.

무보(舞譜) 춤 동작을 악보처럼 약속된 기호나 그림으로 기록한 것을 말한다. 우리나라는 조선 후기에 최초로 무보를 편찬했는데, 춤의 형태를 기록하고 그 종류를 열거한 〈정재홀기(呈才笏記)〉 등을 예로 들 수 있다. 또한 〈악학궤범(樂學軌範)〉, 〈진연의궤(進宴儀軌)〉 등 다수의 책에도 무용에 관한 기록이 전해져오고 있다.

무산향(舞山香) 조선시대 향악정재(鄕樂呈才) 중 하나. 익종이 부왕인 순조를 기쁘게 하기 위해 만든 것으로 알려져 있으며, 무동(舞童)이 침상 같은 모양의 대모반(玳瑁盤)이라는 무대 위에서 춤을 춘다. 조선 후기까지 전해진 50여 종의 정재 가운데 〈춘앵전(春鶯囀)〉과 더불어 대표적인 독무(獨

舞)이다. 무산향은 춘앵전보다 춤사위가 동적이다.

무상(舞想) 조택원(趙澤元)이 무용 대신 즐겨 사용했던 용어. 그는 이 말이 '무용'에 '내면의 사상과 감정'을 더한 것이라는 주장을 폈다.

무애무(無㝵舞) 신라에서 만들어져 궁중무용으로 발전한 춤. 그 기원을 고려로 보는 견해도 있다. '무애지희(無㝵之戲)'라고도 한다. 처음에는 불교적인 내용을 담았으나, 점차 왕실의 번영을 송축하는 의미를 갖게 되었다. 12명의 무용수 중 2명이 표주박을 손에 들고 춤을 추면 다른 사람들이 그 주위를 맴돌면서 함께 춤을 추었다고 한다.

무애지희(無㝵之戲) '무애무(無㝵舞)' 참조. 신라에서 만들어져 궁중무용으로 발전한 춤이다. 처음에는 불교적인 내용을 담았으나, 점차 왕실의 번영을 송축하는 의미를 갖게 되었다.

무용과 대학 교육 1953년 우리나라 대학에서 무용 교육이 처음 실시되었다. 당시 이화여대 체육과에 무용전공이 설치되었던 것이다. 교수진은 김천흥과 김보남 등이었다. 그 후 1963년 비로소 이화여대 체육대학 내에 최초로 무용과가 신설되었다. 오늘날에는 무용과가 설치된 대학 수가 50개 이상으로 늘어났다. 한편 고등학교의 경우, 1957년 서울예고에 처음 무용과가 설치되었다.

무용시(舞踊詩) 감정 표현을 강조한 예술 무용을 말한다. 신무용에서, 인생과 세상에 대한 인상을 서정적으로 묘사한 짧은 무용 작품들을 이렇게 일컫기도 했다.

무의(舞儀) 궁중무용의 모든 의식 절차를 일컫는 말이다. 즉 춤의 구성과 절차를 비롯해 춤사위, 의복, 무구(舞具), 음악, 구호 등을 통틀어 이야기하는 것이다.

무작(舞作) '무용 동작'의 줄임말. 이를테면 상대무(相對舞), 수수무(垂手舞), 삼전무(三轉舞) 같은 용어가 여기에 해당된다.

무진무퇴(舞進舞退) 춤을 추며 앞으로 나아갔다가, 다시 춤을 추며 뒤로 물러나는 동작을 가리킨다. '진퇴이무(進退而舞)'라고도 한다. 〈포구락(抛毬樂)〉, 〈몽금척(夢金尺)〉, 〈헌선도(獻仙桃)〉 등에서 볼 수 있다.

무절(舞節) 우리나라 전통무용에서, 춤의 마디를 일컫는 용어이다.

무척(舞尺) 신라에서, 춤을 추는 악공을 일컫던 말이다. '춤자이'라고도 한다.

무퇴(舞退) 궁중무용 춤사위 중 하나. 춤을 추면서 전진하다가 발로 뛰며 뒤로 물러나오는 동작을 말한다.

문묘제례(文廟祭禮) 공자(孔子)의 신위를 모신 사당에서 지내는 제사를 말한다.

문무(文舞) 조선시대의 종묘나 문묘 제례 때 여러 사람이 줄을 지어 서서 추던 일무(佾舞)의 하나. 고인의 문덕(文德)을 송축하는 의미를 가졌으며 영신(迎神), 전폐(奠幣), 초헌(初獻)의 순서로 추었다. 이 때 왼손에는 지공(指孔) 3개를 뚫어 만든 악기인 약(籥)을 들고, 오른손에는 나무를 꿩 깃털로 장식한 적(翟)을 들었다.

문일지(文一枝) 1945년 출생. 1976년 창단된 서울시립무용단 초대 단장으로 위촉되어, 1989년 말까지 단장 직을 역임했다. 이 시기 그녀는 전통춤을 발굴하고 재현하는 한편, 다수의 창작 무용극을 발표했다. 문일지의 무용극은 주로 역사적 사실을 그려냈으며, 궁중무용이나 민속놀이 등을 가리지 않고 다양한 춤사위를 선택하여 호평을 받았다. 또한 무속에 이용되던 방울과 딱딱이 등을 비롯해 기존 악기의 새로운 연주법을 적용하기도 했다. 이러한 노력은 1982년 한국무용아카데미를 창단해 창작춤의 장을 확대한 사실로도 확인할 수 있다. 주요 안무 작품으로 〈바리공주〉, 〈땅굿〉, 〈맹가나무 이야기〉, 〈노〉, 〈파도〉 등이 있다.

문훈숙(文薰淑) 1963년 출생. 미국 워싱턴에서 태어나 선화예술학교, 영국 로열발레학교, 모나코 왕립발레학교 등에서 발레를 전공했다. 또한 리틀엔젤스 단원으로 시작해 미국 워싱턴발레단, 유니버설발레단 창단 멤버로 활동했다. 그 후 유니비설빌레단 난상이 되었다. 그녀는 키로프극장 무대에서 〈지젤〉을 공연하기도 했는데, 그것은 동양인 최초라는 의미 있는 기록을 남겼다. 아울러 한국발레협회 이사, 유에스에이(USA)국제발레콩쿠르 심사위원 등을 역임했다. 주요 출연 작품으로 〈신데렐라〉, 〈심청〉, 〈프로메테우스〉, 〈백조의 호수〉, 〈돈키호테〉, 〈풀치넬라〉 등이 있다.

미선(尾扇) 궁중 정재(呈才) 때 쓰던 의장(儀仗)의 하나. 대오리의 한 끝을 가늘게 쪼개 둥글게 펴고 실로 엮어서 종이로 발라 만들었다.

미얄춤 〈봉산탈춤〉 일곱째마당에 등장하는 춤. 미얄이 지팡이와 방울, 부채 따위를 이용해 빠른 장단에 맞추어 춤을 춘다. 축첩에 대한 비판과 서민들의 팍팍한 살림살이를 이야기한다. 마지막에 지노귀굿이 펼쳐지는데, 이것은 굿이 탈춤의 기원임을 말해준다.

미지무(美知舞) 신라 춤의 하나. 689년 신문왕 9년에 기원한 것으로 알려져 있다. 노래 없이 감(監) 4명, 가야금 1명, 춤 2명으로 구성되었다. 여기서 감(監)은 가야금재비, 춤재비들과 어울려 어떤 역할을 했을 것으로 생각되나 그것이 무엇인지는 명확하지 않다.

민사위 〈봉산탈춤〉 등에 나오는 춤사위 중 하나. 뛰거나 채지 않고 곱게 넘어가는 동작이다.

민속무용 국립국악원(國立國樂院)에서는 한국 민속무용의 특징으로 다음과 같은 다섯 가지를 이야기한다. 첫째, 창작자와 발생 연대가 분명치 않다. 둘째, 일반 백성들의 소박한 생활 감정을 묘사한다. 셋째, 기본 가락은 있지만 궁중무용과 달리 개인의 창의성을 자유로이 발휘할 수 있다. 넷째, 화려한 의상이나 복잡한 무대 장치 없이 적당한 공간만 갖춰지면 어디서나 춤판을 벌일 수 있다. 다섯째, 장단은 염불과 타령을 비롯해 삼남 지방의 산조(散調)와 살풀이장단 등이 사용된다.

밑놀이춤 농악무(農樂舞) 중 손짓과 발짓을 다양하게 이용하는 춤을 일컫는 말이다.

ㅂ

바라춤 불교 의식에서 재(齋)를 올릴 때 추는 춤인 작법(作法) 중 하나. 양손에 바라를 쥐고 배꼽을 중심으로 머리 위로 들어올리거나 좌우로 돌리면서 빠른 동작으로 전진, 후퇴, 회전을 하며 추는 춤이다. 복장은 장삼에 붉은 가사를 두르며 징, 북 호적 또는 범패에 맞추어 춤사위를 펼친다. 그 종류에 '관욕게바라, 사다라니바라, 내림게바라, 막바라, 명바라, 천수바라'가 있다.

바리 1998년 국립발레단이 무대에 올린 창작 발레 작품. 바리데기 설화를 소재로 한 판타지 발레로 김주원, 김지영, 이원국, 김용걸 등이 출연했다.

바리공주 1978년 문일지(文一枝)가 안무한 작품. 이 작품은 궁중무용이나 민속놀이, 불교의식 등을 가리지 않고 다양한 소재에서 춤사위를 선택하여 호평을 받았다. 또한 무속에 사용되던 방울과 딱딱이 등을 이용한 것을 비롯해 꽹과리 같은 기존 악기에 새로운 연주법을 적용하기도 했다.

박금슬(朴琴瑟) 1922년 출생, 1983년 사망. 이시이 바쿠(石井漠) 문하에서 무용을 시작한 뒤 궁중무용과 교방무용을 익혔으며, 이후 전통 춤을 정리하고 장려하는 데 주력했다. 특히 불교 무용에 대한 관심이 커서 바라춤, 나비춤, 법고 등을 섭렵했다. 아울러 승무의 한 계열인 〈경기승무(京畿僧舞)〉에서 독특한 운치를 잘 표현해 독자적이고 수준 높은 작품세계를 확립했다.

박명숙(朴明淑) 1950년 출생. 서울 출신의 현대무용가이다. 이화여자대학교와 동대학원을 졸업한 뒤 한양대대학원에서 박사학위를 받았다. 한국컨템포러리무용단 창단 멤버였으며, 요로무용단과 박명숙서울현대무용단을 창단했다. 아울려 1981년부터 경희대학교에서 후학을 양성했고, 2011년 한국무용학회 회장에 취임했다. 주요 출연 작품 〈슈퍼스타 예수 그리스도〉, 〈씻김〉, 〈어머니의 정원〉 등을 비롯해 주요 안무 작품으로 〈미친 혼〉, 〈몇 개의 정적〉, 〈아웃사이더〉, 〈고구려의 불꽃〉, 〈시간여행〉 등이 있다.

박성옥(朴成玉) 1908년 출생, 1983년 사망. 전남 목포 출신의 국악기 연주자로, 최승희가 안무한 〈보살춤〉 등 여러 작품에서 음악을 담당했다. 또한 직접 〈승무〉, 〈밤길〉 등의 작품을 안무하기도 했다. 그녀를 일컬어 흔히 최승희의 음악적 동반자 또는 최승희의 전속 악사라고 한다.

박외선(朴外仙) 1915년 출생. 일제강점기 한국 무용계에 모던 발레와 현대무용의 초석을 다진 선각자이다. 여고 시절 관람한 최승희의 공연에 감명 받아 무용에 입문했으며, 일본 유학길에 올라 발레와 현대무용을 배웠다. 1936년 도쿄청년회관에서 공연된 〈만종(晩鐘)〉에 조택원의 상대역으로 출연했으며, 1953년 이후 1977년까지는 이화여대 무용과 교수로 후학들을 양성했다. 또한 그녀는 1962년 마사 그레이엄(Martha Graham)의 무용 기법을 우리나라에 처음 소개하기도 했다.

박접무(撲蝶舞) 조선시대 향악정재(鄕樂呈才) 중 하나. 순조 때 효명세자가 만든 것으로, 호랑나비들이 날아와 봄날의 정경을 즐긴다는 의미의 창사(唱詞)를 부르면서 춤을 춘다. 무용수들의 의상에는 군데군데 호랑나비가 수놓아져 있다. 6명의 무용수가 전대, 중대, 후대로 두 사람씩 짝을 지어 춤을 추며 향당교주(鄕唐交奏)가 반주 음악으로 쓰인다.

반도의 무희(半島~ 舞姬) 1936년 최승희(崔承喜)가 주연으로 출연한 영화. 신흥영화사에서 만들었으며, 흥행에 성공해 4년 장기 상영이라는 기록을 남겼다.

반수반불(半袖半拂) 궁중무용에서, 한쪽 팔씩 들어 뒤로 뿌리는 춤사위를 일컫는다.

반수수불(半垂手拂) 〈춘앵전(春鶯囀)〉에서, 한쪽 팔씩 들어 뒤로 뿌리는 춤사위를 말한다.

발검(拔劍) 정대업지무(定大業之舞)의 춤사위 중 하나. 허리를 굽히고 칼을 든 오른손을 내리는데, 몸에서 약 40° 정도 벌린 자세이다.

발바디춤 '발바딧무(~舞)' 참조. 파랑, 빨강, 하양, 검정 옷을 입은 처용이 왼발로, 노랑 옷을 입은 처용이 오른발로 시작하여 나갈 때 발을 굴리며 추는 춤이다.

발바딧무(~舞) 〈처용무(處容舞)〉에서, 네 번째 장구 채편을 칠 때의 춤사위를 말한다. 〈처용무(處容舞)〉에서는 파랑, 빨강, 노랑, 하양, 검정 옷을 입은 5명의 무용수가 다섯 방위로 벌려 서서 저마다 처용의 탈을 쓰고 춤을 춘다. 그 때

파랑, 빨강, 하양, 검정 옷을 입은 처용이 왼발로, 노랑 옷을 입은 처용이 오른발로 시작하여 나갈 때 발을 굴리며 추는 춤이다. '발바디춤'이라고도 한다.

발바딧작대무(~作隊舞) 발을 들어 옮기며 다른 열을 만드는 춤사위를 말한다. 〈처용무(處容舞)〉에서 볼 수 있다.

발치기 전라남도 진도 지방에 전해져 내려오는 춤. 두 사람이 장대 2개를 양손으로 잡고 올렸다 내렸다 하면, 다른 사람이 이쪽저쪽으로 장대를 넘어가며 춤을 추는 발짓춤이다. 자진모리장단으로 춤이 이루어지며, 발짓에 따라 손뼉을 치면 흥이 더한다.

밤이여 나누라 1992년 현대무용가 김현옥(金賢玉)이 비디오댄스 기법을 처음으로 도입하여 무용의 한 장르로 인정받게 한 작품. 프랑스인 촬영감독 장 드 브와송과 함께 작업한 것으로, 제5회 국제비디오댄스페스티벌에서 1등상을 수상했다.

방진도(方陣圖) 궁중무용의 무용 구도 중 하나. 무원(舞員)들이 네모나게 벌려 선 형태를 말한다.

배구자(裵龜子) 1905년 출생, 2003년 사망. 일제강점기에 활동한 현대무용가이다. 전통무용의 무대화와 발레 등 서양 무용의 수용을 위해 노력했고, 가극(歌劇)에도 관심을 기울였다. 주요 작품으로 창작 무용 〈아리랑〉과 〈양산도〉, 〈오동

나무〉 등이 있다. 비록 꿈이 성사되지는 못했지만, 1928년 그녀가 미국 유학을 계획하고 고별 무대에서 춘 춤들이 한국인이 발표한 최초의 신무용으로 간주된다. 1935년에는 남편 홍순언과 함께 동양극장을 설립하기도 했다.

배김새춤 팔만 벌리거나, 몸의 관절만 움직이거나, 또는 아래위로만 움직이면서 제멋대로 추는 춤을 말한다. '입춤(立~)'이라고도 하며 '도굿대춤, 막대기춤, 몽둥이춤, 절굿대춤, 일자활개펴기춤'이라고도 한다.

배무(背舞) 한국 전통무용에서 서로 등을 지고 추는 춤, 또는 그런 춤동작을 말한다.

배무(排舞) 여러 사람이 줄지어 추는 춤을 말한다.

배불뚝이춤 경상남도 밀양에서 백중놀이(百中~) 때 행해지던 병신춤의 일종. 양반들의 차별에 시달리던 상민이나 천민들이 만삭이 된 여인의 모습을 흉내내며 추었던 춤이다. 이것은 임산부의 부자연스러운 몸동작에 대한 조롱이 아니라 양반들의 위선을 풍자하며 울분을 토로하는 수단이었다.

배정혜(裵丁慧) 1944년 출생. 숙명여자대학교에서 국문학을 전공한 뒤 동대학원에서 체육학 석사 학위를 취득했다. 1968년부터 1989년까지 국립국악원 상임안무자를 거쳐, 서울시립무용단 단장과 국립무용단 단장 및 예술감독 등을 역임했다. 주요 작품으로 〈타고 남은 재〉, 〈유리 도시〉, 〈떠

도는 혼〉 등이 있다.

배치기 〈송파산대놀이(松坡山臺~)〉에서 볼 수 있는 춤사위 중 하나. 취발이와 노장이 싸울 듯이 상대방을 을러대는 모양의 춤사위이다.

번개춤 몸을 위아래로 시계추처럼 움직여 추는 허튼춤. 넓은 의미로는 팔만 벌리거나, 몸의 관절만 움직이거나, 또는 아래위로만 움직이면서 제멋대로 추는 춤을 말한다. '입춤(立~)'이라고도 하며 '배김새춤, 도굿대춤, 막대기춤, 몽둥이춤, 절굿대춤, 일자활개펴기춤'이라고도 한다.

번수(飜袖) 한국 전통무용에서, 앞으로 나갔다 뒤로 물러섰다 하며 한 팔씩 올렸다 내리는 춤사위를 말한다. 〈춘앵전(春鶯囀)〉, 〈가인전목단(佳人剪牧丹)〉 등에서 볼 수 있다. '이수고저(以袖高低)'라고도 한다. 또는 한 팔씩 앞으로 얹는 춤사위를 일컫기도 한다. 이 경우는 '대섬수(大閃袖)'라고도 한다.

번표이롱(翻飄而弄) 궁중무용에 관련된 용어. 회오리바람처럼 검을 빠르게 휘두르면서 춤을 추는 동작을 말한다. '번표이무(翻飄而舞)'라고도 한다.

범무(梵舞) 불교 의식에서 추는 춤을 일컫는다. 나비춤, 바라춤, 법고춤 등이 있다. '작법(作法)'이라고도 한다.

범부춤(凡夫~) 경상남도 밀양 지방에서 추었던 춤. 백중날을 전후해 상민과 천민들이 고된 삶의 피로와 울분을 풀기 위해 병신춤, 양반춤, 북춤과 함께 이 춤을 세마치장단에 맞춰 추었다.

범패(梵唄) 불교 의식인 재(齋)에 사용되는 음악을 말한다. 흔히 불교 의식은 음악과 무용으로 이루어지는데, 그 때 실행되는 나비춤이나 바라춤 등은 작법(作法)이라고 한다.

법고춤(法鼓~) 불교 의식에서 재(齋)를 올릴 때 추는 춤인 작법(作法) 중 하나. 법고를 두드리며 추는 춤으로, 그 형태가 간결하지만 겸허함 마음을 지니게 한다. 원래 법고는 세상의 축생(丑生)을 구제하기 위해 치는 것이다. 법고춤은 홍고춤과 법고춤으로 구분하기도 한다. 여기서 홍고춤은 두 손으로 북을 정면에서 두드려 소리를 내는 것을 말하며, 법고춤은 태징이나 소북 같은 반주 악기를 사용해 리듬에 맞추어 북을 치는 것을 의미한다.

법무(法舞) 재(齋)와 같은 불교 의식은 흔히 음악과 무용으로 이루어진다. 그 음악을 범패(梵唄)라고 하며, 무용은 작법(作法) 또는 법무(法舞)라고 한다. 법고춤, 바라춤, 나비춤 등을 예로 들 수 있다. 승무는 불교에서 기원해 속화(俗化)된 민속무용의 하나이다.

별산대(別山臺) 조선 인조 이후 산대도감이 폐지되면서 연희자들의 거주지를 중심으로 본산대(本山臺)와 별산대(別山臺)

로 나뉘었다. 서울 녹번과 애오개 등에서 행하던 산대놀이가 본산대인데, 그것을 본받아 다른 지역에서 생긴 놀이가 별산대이다. 지금은 양주별산대놀이만 전승되고 있다.

병신춤(病身~) 지배 계층인 양반을 병신으로 풍자해 추는 춤을 말한다. 주로 경상남도 밀양 지방에서 백중놀이(百中~) 때 행해졌는데, 이것은 장애에 대한 조롱이 아니라 양반들의 위선을 풍자하며 울분을 토로하는 수단이었다. 조선 중엽 이후 성행했으며, 이런저런 장애를 흉내내는 10~15명 정도의 인원이 등장해 무대를 꾸몄다.

보릿대춤 전라도 지방의 허튼춤으로, 뻣뻣한 춤동작을 보릿대에 비유한 것이다. 손목과 팔목 같은 뼈의 관절만 부분적으로 움직여서 추는 춤으로, 일종의 '입춤(立~)'이라고 할 수 있다. 이와 같은 허튼춤은 명칭이 아주 다양한데, 형식에 얽매이지 않고 즉흥적으로 추는 서민적인 춤이다.

보상무(寶相舞) 조선시대 향악정재(鄕樂呈才) 중 하나. 순조 때 창작되었다. 연화항(蓮花缸)을 올려놓은 보상반(寶相盤)을 가운데 두고 그 옆에 봉화(奉花)와 봉필(奉筆)이 각 1명씩 서며, 무원(舞員) 6명이 두 사람씩 짝을 지어 주악에 맞추어 춤을 추었다. 반주 음악은 태녕지곡(泰寧之曲)이고, 〈포구락(抛毬樂)〉과 유사한 점이 있다.

보상반(寶相盤) 궁중무용에 쓰이는 무구(舞具)의 하나. 〈보상무

(寶相舞)〉를 출 때 공을 던져 넣을 연화항(蓮花缸)을 올려 놓는 상을 일컫는다.

보태평(保太平) 국왕의 문덕(文德)을 찬양하는 내용의 음악과 춤을 말한다. 즉 보태평지악(保太平之樂)과 보태평지무(保太平之舞)를 함께 일컫는 것이다.

보태평지무(保太平之舞) 종묘제례 때 추는 문무(文舞)를 일컫는 말이다. 주악과 박(拍) 소리에 맞추어 왼손에는 지공(指孔) 3개를 뚫어 만든 악기인 약(籥)을, 오른손에는 나무를 꿩 깃털로 장식한 적(翟)을 들고 춤을 추었다.

보허자(步虛子) 고려 때 들어온 당악 중 하나로, 궁중 연례악(宴禮樂)으로 쓰였던 관악 합주곡이다. '장춘불로지곡(長春不老之曲)'으로 불리기도 한다.

복렬무(復列舞) 원래의 대열로 돌아가며 추는 춤을 말한다. 가인전목단(佳人剪牧丹) 등에서 볼 수 있다.

복위(復位) 궁중무용에 관련된 용어. 방금 전의 자리, 또는 원래의 제 위치로 되돌아오는 동작을 일컫는다.

봄의 제전 1991년 국수호(鞠守鎬)가 안무한 작품. 국내 최초로 이고리 스트라빈스키(Igor Stravinsky)의 발레 음악을 한국춤으로 무용화했다. 그는 이 작품을 러시아 모스크바의 볼쇼이극장에서 공연하기도 했다.

봉래의(鳳來儀) 조선 전기에 만들어진 정재(呈才). 조선의 창업을 찬양하고 나라의 평안과 국운의 번창을 기원하는 의미를 담은 궁중무용이다. 세종이 조선을 건국한 태조의 공덕을 칭송하며 지은 춤으로, 창사(唱詞)로는 〈용비어천가(龍飛御天歌)〉를 불렀다. 또한 〈봉래의〉는 정재 때 연주하던 음악을 일컫기도 하는데 전인자(前引子), 여민락(與民樂), 치화평(致和平), 취풍형(醉豊亨), 후인자(後引子)의 다섯 곡으로 구성되었다.

봉사춤 일정한 형식에 얽매이지 않는 민속춤인 잡기춤(雜技-)의 한 종류. 맹인 흉내를 내며 익살스럽게 추는 춤이다.

봉산탈춤(鳳山~) 조선시대 민속무용 중 하나이며, 중요무형문화재 제17호로 지정되어 있다. 황해도 봉산에 전해지는 산대놀음 계통의 탈춤으로 사자춤이 등장한다. 황해도 탈춤은 한삼의 휘돌림과 힘찬 도약무로 구성되어 쾌활하고 역동적인 분위기를 자아내는 특징이 있다. 놀이는 크게 앞놀이, 본놀이, 뒷놀이로 구성된다. 그 중 본놀이는 첫째마당 상좌춤(上佐~), 둘째마당 팔먹중춤, 셋째마당 사당춤(社堂~), 넷째마당 노승춤(老僧~), 다섯째마당 사자춤(獅子~), 여섯째마당 양반춤(兩班~), 일곱째마당 미얄춤으로 전개된다. 예전에는 앞놀이로서 길놀이를 했고, 뒷놀이 때는 관객과 연희자 구분 없이 모두 어울려 한바탕 신명을 냈다.

봉선(鳳扇) 조선시대에 의장(儀仗)으로 사용하던 큰 부채를 말한다. 정재(呈才)에도 쓰였는데, 붉은 비단 좌우에 금빛 봉황을 그려 넣어 기다란 막대에 달았다.

봉죽간자(奉竹竿子) 정재(呈才) 때 죽간자를 받들던 무동(舞童) 또는 여기(女妓)를 일컫는다.

봉필(奉筆) 무구(舞具)로 쓰이는 붓, 또는 붓을 든 무원(舞員)을 가리킨다.

봉화(奉花) 무구(舞具)로 쓰이는 꽃, 또는 꽃을 든 무원(舞員)을 가리킨다.

부견(俯見) 궁중무용에 관련된 용어. 고개를 숙여 바라보는 동작을 말한다. 〈학무(鶴舞)〉 등에서 볼 수 있다.

부민관(府民館) 1935년 경성부가 설립하고 운영한 부립(府立) 극장. 연면적 5,676제곱미터, 높이 45미터의 지하 1층, 지상 3층 건물이다. 관객석은 총 1800석 규모. 우리나라 최초의 근대식 다목적 회관으로 무용을 비롯해 연극, 음악 공연 등이 이루어졌다. 광복 후 한때 국회의사당으로 사용되었으며, 현재는 서울특별시의회 청사로 이용되고 있다.

부산시립무용단 1973년 설립된 부산광역시 산하의 무용단이다. 〈아! 동래성〉으로 창단 공연을 가진 이후 매년 2회의 정기공연 등 활발한 활동을 펼치고 있다. 특히 우리의 전통춤을 계승하고 발전시키는 데 많은 공을 들여, 한국무용 공연에 여러 가지 실험적인 시도를 하고 있다. 아울러 객원 안무제를 실시해 작품의 다양성을 확보하면서 지역 무용단의 한계를 극복해왔다.

부여회상곡(夫餘回想曲) 1942년 4월 조택원(趙澤元)이 경성 부민관과 대구에서 발표한 작품. 서사적 창작무용이다.

부채춤 1954년 김백봉이 서울 시공관 무대에서 처음으로 발표한 창작 무용이다. 한동안 독무(獨舞) 형태로 무대에 올려지다가, 1968년 멕시코 세계민속예술제전에서 오늘날과 같은 군무(群舞) 형식으로 재구성되었다. 다른 무용에서 부채가 단순히 장식물로 취급되는 것과 달리, 이 춤은 부채를 펴고 접고 돌리는 기교 자체가 춤사위의 근간을 이룬다. 창부타령의 굿거리 · 자진모리장단이 반주 음악으로 쓰인다.

북악신무(北岳神武) 탈춤의 일종. 산신(山神)에게 제례를 올릴 때 추었던 춤이다. 정확한 기록이 전하지는 않지만, 〈상염무(霜髥舞)〉와 비슷한 유형이었을 것으로 추측된다.

북청사자놀음(北靑獅子~) 함경남도 북청군에서 정월대보름에 사자탈을 쓰고 놀던 민속놀이이다. 중요무형문화재 제15호. 사자에게 사악한 것을 물리칠 힘이 있다고 믿어 잡귀를 쫓고 고을의 평안을 기원했다.

북춤 북을 치면서 추는 춤을 말한다. 경상도와 전라도의 농악에서 많이 볼 수 있는데, 북은 한국 전통무용에 있어 매우 중요한 악기이다. 농악 이외에 불교 의식과 관련된 춤에서도 북이 자주 등장한다.

불림 춤에 필요한 장단을 악사에게 청하는 노래, 또는 그 때 추는 춤을 말한다. 〈봉산탈춤〉 등에서 볼 수 있다.

불림소리 1989년 최청자(崔淸子)가 안무한 작품. 우리나라의 주술 의식인 무당굿을 현대화해 무대에 올린 것으로, 역동적인 움직임과 다양한 기교를 통해 인간의 대립과 삶의 갈등을 담아냈다.

불수(拂袖) 궁중무용에 관련된 용어. 소매를 떨쳐 뿌리는 동작을 말한다. 〈만수무(萬壽舞)〉, 〈박접무(撲蝶舞)〉 등에서 볼 수 있다.

불수환전(拂袖歡轉) 궁중무용에 관련된 용어. 소매를 떨쳐 뿌리며 원을 돌면서 춤을 추는 동작을 말한다. '낙수회전(落袖回轉)'이라고도 한다. 〈만수무(萬壽舞)〉, 〈박접무(撲蝶舞)〉 등에서 볼 수 있다.

불의 희생 1952년 부산에서 송범(宋范)이 발표한 무용극. 인도의 신화를 바탕으로 한 작품으로, 한국전쟁 중이었음에도 꽤 많은 관객이 몰려들어 이틀간 10차례나 공연되었다.

불화렴(拂花簾) 양쪽 소매를 뿌리고 나서 한쪽 팔씩 어깨에 메는 춤사위이다. 〈춘앵전(春鶯囀)〉에서 볼 수 있다.

비금사(飛金沙) 뒷짐을 진 채 뒤로 세 장단 물러났다가 앞으로 세 장단 나아가는 동작을 되풀이하는 춤사위이다. 〈춘앵전(春鶯囀)〉에서 볼 수 있다.

비나리쇠 걸립패(乞粒牌)의 풍물재비를 일컫는 말이다.

비나리패(~牌) '걸립패(乞粒牌)' 참조. 조선 후기 일종의 유랑 연예인 집단을 말한다.

비단길 1977년 김매자(金梅子)가 발표한 창작무용 작품. 국립극장 대극장에서 공연되었다. 이 작품은 내면세계를 표현한 정갈한 춤사위를 선보였는데, 한국 창작무용의 선구자적 역할을 한 것으로 평가받는다.

비디오 댄스 무용 퍼포먼스를 영상에 담아내는 작업을 말한다. 내러티브가 명확하지 않아 관객 스스로 상상력을 발휘하게 하는 새로운 영상 예술 작품의 하나이다. 이것은 무용이 시간과 공간의 제약을 받는 무대예술의 한계를 극복하게 했고, 카메라의 클로즈업으로 좀더 효율적인 메시지 전달을 가능하게 했다. 김현옥(金賢玉)과 이정희(李丁姬) 등이 대표적인 비디오 댄스 무용가이다.

비리(飛履) 궁중무용에 관련된 용어. 오른발, 왼발의 순서로 한쪽 발씩 장단에 맞추어 앞으로 가볍게 내미는 춤사위를 말한다. 〈춘앵전(春鶯囀)〉에서 볼 수 있다.

비정(比定) 사전적 의미와 달리, 전통무용에서는 발을 팔(八)자로 벌려 서 있는 자세를 말한다.

뿌림사위 〈승무(僧舞)〉의 핵심이 되는 춤사위. 허공을 향해 손목을 힘껏 내던져, 마치 하늘을 날아가는 한 마리 우아한 학인 양 한삼자락을 휘날린다. 이 동작은 대개 인간의 설움과 아픔 등을 한삼자락 끝에 실어 멀리 날려 보내는 의미를 갖는다.

ㅅ

사내금무(思內琴舞) 신라 애장왕 때의 가무(歌舞). '사내금(思內琴)'이라고도 한다. 〈삼국사기〉 악지(樂志)에 따르면 붉은 옷을 입은 가야금 1명, 여러 가지 고운 빛깔의 옷을 입은 노래 5명, 푸른 옷을 입은 춤 4명으로 구성되었다고 한다. 즉 한 사람이 가야금을 연주하면 다섯 사람이 노래를 부르고 네 사람이 춤을 추었던 것으로 전해진다. 이런 형태는 신라의 일반적인 가무 가운데 규모가 큰 편에 속한다.

사내무(思內舞) 신라 가무(歌舞)의 하나. 〈삼국사기〉 악지(樂志)에 따르면, 689년 신문왕 9년에 이것이 공연되었다는 기록이 전한다. 감(監) 3명, 가야금 1명, 노래 2명, 춤 2명으로 구성되었다. 여기서 감(監)은 가야금재비, 노래재비, 춤재비들과 어울려 어떤 역할을 했을 것으로 생각되니 그

것이 무엇인지는 명확하지 않다.

사당춤(社堂~) 〈봉산탈춤〉 셋째마당에 등장하는 춤. 7명의 거사가 나와 승려들의 파계 장면을 보여준다.

사도성의 이야기(沙道城~) 1954년 평양 모란성극장에서 발표된 작품. 5막 6장으로 구성되었으며, 부채춤과 칼춤 등을 비롯해 발레의 다양한 형식을 무대에서 실현했다. 그 내용은 신라시대 동해안에 있었을 것으로 추측되는 고성(古城)인 사도성에서 벌어지는 사건을 소재로 삼았다. 최옥삼의 음악에 최승희가 대본과 안무를 맡았다. 한편 이 작품은 1956년 북한에 의해 컬러 영화로 제작됐는데, 그 때도 최승희가 주연으로 활약했다.

사방색(四方色) 청(靑)·적(赤)·흑(黑)·백(白)의 네 가지 색깔을 말한다. 〈승전무(勝戰舞)〉에서 4명의 원무(元舞)는 사방색 의상을 입고 한삼을 뿌리며 춤을 춘다.

사방요신(四方搖身) 나비춤의 춤사위 중 하나. 나비가 하늘에서 내려오듯 손을 흔들면서 서서히 앉았다가 손을 옆으로 펴고 온몸을 땅에 엎드렸다 앉는 동작을 4번 반복하면서 주위를 한 바퀴 도는 동작이다.

사방이무(四方而舞) 궁중무용에 관련된 용어. 사방으로 대형을 만들어 춤을 추는 것을 일컫는다. '사방분대이무(四方分隊而舞)', '사방작대이무(四方作隊而舞)'라고도 한다. 〈무고

(舞鼓)〉 등에서 볼 수 있다.

사방치기(四方~) 〈양주별산대놀이(楊洲別山臺~)〉의 춤사위 중 하나. 도포자락이나 장삼자락을 머리 위에 펴서 두 손으로 잡는다. 그리고 주춤거리며 한 방향씩 돌아가면서 두 번 절한다.

사번(乍飜) 팔을 벌리고 드나들면서, 걸음에 따라 양쪽 소매에 높낮이가 생기게 흔드는 춤사위를 말한다. 〈춘앵전(春鶯囀)〉 등에서 볼 수 있다. '소섬수(小閃袖)'라고도 한다.

사선무(四仙舞) 향악정재(鄕樂呈才) 중 하나. 통일신라 때부터 전해지는 무용으로, 고려시대 이후 궁중무용이 되었다. 조선시대에는 사선이 와서 노닐 만큼 태평성대라는 의미를 내포했다. 앞쪽에 각각 연꽃을 든 두 사람이 서고, 뒤쪽에 네 사람이 꽃 없이 두 줄로 서서 추던 춤이다.

사예거(斜曳裾) 궁중무용에 관련된 용어. 옷자락이 끌리듯이 먼저 오른쪽으로 두 장단 나갔다 들어오고, 다시 왼쪽으로 두 장단 나갔다 들어오는 춤사위를 말한다. 〈춘앵전(春鶯囀)〉에서 볼 수 있다.

사우무(四隅舞) 궁중무용에서, 동남 · 동북 · 서남 · 서북의 네 모퉁이로 나뉘어 추는 춤을 말한다. 〈연백복지무(演百福之舞)〉, 〈성택(聖澤)〉 등에서 볼 수 있다.

사위춤 탈춤에서 볼 수 있는 춤으로, 발뛰과 한심 휘두르기를 동시에 하는 활기찬 춤이다. 이를테면 〈봉산탈춤〉에서 상좌와 먹중, 취발이 등이 이 춤을 춘다.

사자춤(獅子~) 〈봉산탈춤〉 다섯째마당에 등장하는 춤. 사자탈을 쓰고 사자의 동작을 흉내내며 춤을 춘다. 파계승들을 벌하기 위해 부처님이 보낸 사자가 뉘우치는 말을 듣고 용서한 뒤 함께 어울려 춤을 춘다.

산대놀이(山臺~) 우리나라 전통의 민속놀이이자 무용이다. 탈을 쓰고 큰길가나 공터에 만든 무대에서 하는 복합적인 구성의 탈놀이를 말한다. 또한 중부지방의 탈춤을 가리키는 말로 쓰이기도 한다. 이것은 약 200년 전부터 크고 작은 명절과 기우제 행사 등에 공연되었다. 그 예로 경기도 양주에 전승되는 탈놀이인 〈양주산대놀이〉와 경남 지방의 〈오광대〉 같은 것이 있다. '산대놀음'이라고도 한다.

산예(狻猊) 신라 때 행해지던 다섯 가지 놀이인 신라오기(新羅五伎) 중 하나. 사자탈을 쓰고 머리와 꼬리를 흔들면서 추는 사자무(獅子舞)를 말한다. 사자무는 〈봉산탈춤〉과 〈양주별산대놀이〉 등에 등장한다.

산작화무(散作花舞) 〈장생보연지무(長生寶宴之舞)〉에서, 협무(挾舞)가 세 가지 꽃송이를 들고 추는 춤동작을 말한다. 〈장생보연지무〉는 조선 순조 때 창작된 당악정재(唐樂呈才) 중 하나이다.

산해정령의 춤(山海精靈~) 탈춤의 일종. 산과 바다의 귀신들에게 제례를 올리며 추었던 춤이다. 산과 바다의 귀신 모양을 본뜬 가면을 쓰고 춤을 추어 이러한 명칭이 지어졌다. 그 기원은 신라시대이며, 처음에는 1인무 또는 2인무 형식이었으나 고려시대에 들어 4인무 형식으로 바뀌었다.

살짜기 옵서예 한국 창작 뮤지컬의 효시로 꼽히는 작품. 고전 〈배비장전〉을 각색한 것으로, 1966년에 발표되었다. 임영웅 연출, 최창권 음악에 한국 발레 무용의 개척자인 임성남이 안무를 담당했다.

살푸리 연작 현대무용가 이정희(李丁姬)가 1980년 발표한 〈살푸리 하나〉에서 1993년 발표한 〈살푸리 아홉〉까지를 말한다. 그 주제는 인간 소외의 삶을 다룬 실존적 이야기를 비롯해 광주항쟁과 남북분단 같은 정치 · 사회적 내용 등으로 다양했다.

살푸리 하나 1980년 현대무용가 이정희(李丁姬)가 춤에 영상을 최초로 도입한 작품. 그녀는 수십 대의 멀티비전을 이용해 공연을 펼쳤고, 미리 촬영해둔 영상을 이용하기도 했다.

살풀이춤 우리나라 고유의 민속무용 중 하나로, 살풀이장단에 맞추어 수건을 들고 추는 춤이다. 남도의 살풀이굿에서 유래되었다. 살풀이굿이란, 운명적으로 나고난 실(煞)을 풀기 위해 하는 굿을 말한다. 처음에는 무속인들이 신을 접하는 수단으로 행해졌으나, 점차 광대와 기생들에 의해 예술적인 형태로 발달하여 한국무용의 한 종류가 되었다. 살풀이춤이라는 명칭이 사용되기 시작한 것은 1930년대이며, 살풀이장단은 대개 8분의 12박자로 연주된다. 이 춤은 맺고 푸는 춤사위를 되풀이하면서 느리고 잔잔하지만 강인하고 섬세하게 삶의 모진 운명을 한 겹씩 풀어내는 의미를 담고 있다.

삼잡(三匝) 궁중무용에 관련된 용어. 회무(回舞)를 할 때 3번 도는 것을 말한다. 〈수보록(受寶籙)〉, 〈수연장무(壽延長舞)〉 등에서 볼 수 있다.

삼전무(三轉舞) 궁중무용에서, 몸을 연속 3회전 하는 동작을 말한다.

삼진삼퇴(三進三退) 〈승전무(勝戰舞)〉 등에서 3번 앞으로 가고, 3번 뒤로 가는 춤사위를 말한다.

삼현영산회상(三絃靈山會相) 거문고 등 현악기 중심의 〈영산회상(靈山會相)〉을 향피리 등을 위주로 한 관악곡으로 편성한 곡을 말한다. '관악영산회상(管樂靈山會想)', '대풍류(竹風流)'라고도 한다.

상대무(相對舞) 한국 전통무용에서, 상대방 무용수를 마주 대하고 추는 춤동작을 말한다. '대무(對舞)'라고도 한다.

상배무(相背舞) 궁중무용에 관련된 용어. 서로 등을 지고 춤을 추는 것을 말한다. '배무(背舞)'라고도 한다. 〈수연장무(壽延長舞)〉, 〈연백복지무(演百福之舞)〉 등에서 볼 수 있다.

상쇠(上~) 농악대나 걸립패 등에서 꽹과리를 치며 전체를 지휘하고 통솔하는 사람을 말한다. 상쇠 다음으로 놀이를 지휘하는 사람은 '중쇠(中~)'라고 한다.

상쇠놀음(上~) 상쇠가 꽹과리를 치면서 상모를 돌리고 춤을 추는 흥겨운 놀이를 말한다.

상신열무(上辛熱舞) 신라 가무(歌舞)의 하나. 〈삼국사기〉에 따르면, 689년 신문왕 9년 임금이 잔치를 베풀었을 때 추었던 춤으로 기록되어 있다. 감(監) 3명, 가야금 1명, 노래 2명, 춤 2명으로 구성되었다. 여기서 감(監)은 가야금재비, 노래재비, 춤재비들과 어울려 어떤 역할을 했을 것으로 생각되나 그것이 무엇인지는 명확하지 않다.

상염무(霜髥舞) 신라 춤의 하나. 신라 제49대 헌강왕이 포석정에 행차했을 때 경주 남산의 산신령이 나타나 추었던 춤을 따라한 것이라는 전설이 있다. 상염(霜髥)이란, '흰수염'을 일컫는 말이다. 기록이 전할 뿐, 실제 춤의 형태는 알 수 없다.

상좌춤(上佐~) 탈춤에서 승려 차림을 하고 나와 추는 춤을 말한다. 〈봉산탈춤〉의 경우 본놀이 첫째마당에 등장한다.

생존 경쟁 1955년 송범(宋范)이 발표한 작품. 현대인의 분열상을 그려냈다. 송범은 이 작품을 계기로 현대무용에 더욱 집중하게 되었다.

생춤의 세계 1992년 김현자(金賢慈)가 펴낸 책. 여기서 '생춤'이란 김현자가 설파한 이론으로, 치밀하게 계산된 안무가 아니라 신체를 관류하는 기(氣)의 흐름에 따라 자연스러운 움직임을 표현하라는 주장을 담고 있다.

서울국제무용제 '대한민국무용제' 참조. 1979년 제1회 대한민국무용제가 열리고 나서 그 명칭에 몇 차례 변화가 있었다. 1990년 '서울무용제'로 명칭이 달라졌고, 1995년 다시 '서울국제무용제'로 간판을 바꿔 단 것이다.

서울무용제 '대한민국무용제' 참조. 1979년 제1회 대한민국무용제가 열린 뒤, 1990년 '서울무용제'로 무용제 명칭이 달라졌다. 그리고 이것은 다시 1995년 '서울국제무용제'로 바뀌었다.

서울발레단(Seoul Ballet) 1946년 한동인(韓東人)이 설립한 발레단. 한국인으로 구성된 최초의 발레단이다. 창단 작품으로 〈공기의 정(精)〉, 즉 〈레 실피드(Les Sylphide)〉를 공연했다. 서울발레단은 이후 6 · 25전쟁으로 해체되었다.

서울발레시어터(Seoul Ballet Theater) 1995년 설립된 민간 발레단. 경기도 과천 시민회관에 상주하고 있으며, 초대 예술감독이었던 로이 토비아스(Roy Tobias) 이래 예술성과 대중성을 함께 갖춘 작품세계를 추구하고 있다. 그동안 〈호두까기 인형〉, 〈이상한 나라의 앨리스〉, 〈현존〉 등을 무대에 올렸다.

서울시무용단 1974년 설립된 무용단. 현재 약 40여 명의 단원으로 구성되어 있다. 처음에는 서울시립국악관현악단에 소속된 무용부로 만들어졌지만, 1976년 서울시립무용단으로 정식 창단했다. 그리고 1999년 지금의 명칭으로 바뀌었다. 그동안 서울시무용단은 궁중무용과 민속무용을 발굴 · 재현하는 작업을 꾸준히 해왔고, 1980년대부터는 새로운 한국무용을 창작하려는 노력을 멈추지 않고 있다. 아울러 각종 국제 행사와 해외 공연에도 적극적으로 참여해 한국의 문화를 세계에 알리는 데 앞장서고 있다.

서울현대무용단 1986년 박명숙(朴明淑)이 창단한 무용단. 한국을 대표하는 현대무용단 중 하나로, 40명 안팎의 단원들로 구성되어 있다. 그동안 서울국제무용제 등에서 대상을 수상했으며 〈에미〉, 〈유랑〉을 비롯해 지금까지 200여 편의 작품을 무대에 올렸다.

석노교(惜奴嬌) '곡파(曲破)'를 출 때 부르던 창사(唱詞). 고려시대의 당악(唐樂) 중 하나로 모두 아홉 장으로 되어 있으며, 연희 도중 2명의 무원(舞員)이 왼쪽 소매를 들고 부른다.

선도반(仙桃盤) 〈헌선도(獻仙桃)〉에 쓰이던 무구(舞具). 선도를 담는 은쟁반을 가리킨다.

선모(仙母) 궁중무용에서 주축이 되어 춤추는 무원(舞員)을 말한다. 〈헌선도(獻仙桃)〉에서 선도반(仙桃盤)을 올리는 여기(女妓)를 가리킨다. 여기서 '선도반'은 선도(仙桃)를 담는 은쟁반이다. '왕모(王母)'라고도 한다. 〈악학궤범(樂學軌範)〉에서는 왕모라고 하다가 조선 말 〈정재홀기(呈才笏記)〉에서 이 명칭이 쓰였다.

선유락(船遊樂) 통일신라 때 비롯된 향악정재(鄕樂呈才)의 하나. 여러 사람이 나누어 서서 배가 가는 시늉을 하며 〈이선가(離船歌)〉와 〈어부사(漁父詞)〉에 맞추어 춤을 추었다. 뱃길을 떠나는 사람을 전송하는 내용으로, 고려시대까지는 팔관회 등에서 성행했고 조선 숙종 이후 궁중에서 연행되었다.

선전이무(旋轉而舞) 궁중무용에 관련된 용어. 빙글빙글 원을 돌면서 춤을 추는 동작을 말한다. 〈고구려무(高句麗舞)〉, 〈춘대옥촉(春臺玉燭)〉 등에서 볼 수 있다.

설화적 무용극 3부작 1970~1980년대 송범(宋范)이 안무해 발표한 작품들을 일컫는다. 〈별의 전설〉, 〈왕자호동〉, 〈도미부인〉이 그것이다. 세 작품 모두 국수호(鞠守鎬)가 주역으로 활약했다.

섬(Isle) 1986년 미국 뉴욕 라마마극장에서 초연된 홍신자(洪信子)의 대표작 중 하나. 한국에서는 1989년 서울 세종문화회관에서 공연되었다. 이 작품은 전위 무용으로는 드물게 대극장 무대에 올랐고, 관객 동원에도 성공해 화제가 되었다.

성택(聖澤) 조선시대 당악정재(唐樂呈才) 중 하나. 주로 중국 사신을 위로하는 연회에서 공연되었다. 구성 인원은 죽간자(竹竿子) 2명, 족자(簇子) 1명, 선모(仙母) 1명, 무원(舞員) 8명으로 총 12명이다. 여기서 선모를 중심으로 8명의 무원이 팔괘(八卦)를 상징해 사방에 늘어서는 것이 이 춤의 특징이다. 〈악학궤범(樂學軌範)〉에 춤의 내용이 전한다.

소경무(小京舞) 신라의 가무(歌舞)로, 689년 신문왕 9년에 임금이 잔치를 베풀었을 때 춘 것으로 알려진 일곱 가지 춤 가운데 하나. 감(監) 3명, 가야금 1명, 노래 3명, 춤 1명으로 구성되었다. 여기서 감(監)은 가야금재비, 노래재비, 춤재비들과 어울려 어떤 역할을 했을 것으로 생각되나 그것이 무엇인지는 명확하지 않다.

소고무(小鼓舞) 우리나라의 민속무용 중 하나로, 농악무(農樂舞)의 일종이다. 대개 고깔을 쓰고 비단 쪽을 늘어뜨린 차림으로 상모를 돌리고 소고를 치면서 춤을 춘다.

소무(小巫) 탈춤에 등장하는 주요 인물 중 하나. 노장, 취발이,

양반 등의 상대역으로 등장한다. 탈춤의 종류에 따라 가면과 복장의 형태는 다르지만, 대개 기녀나 첩으로 분장한다.

소섬수(小閃袖) 팔을 벌리고 드나들면서, 걸음에 따라 양쪽 소매에 높낮이가 생기도록 가볍게 흔드는 춤사위를 말한다. 〈춘앵전(春鶯囀)〉 등에서 볼 수 있다. '사번(乍飜)'이라고도 한다.

소수수(小垂手) '반수반불(半袖半拂)'과 같은 의미의 용어. 궁중무용 〈춘앵전(春鶯囀)〉에서, 한쪽 팔씩 들어 뒤로 뿌리는 춤사위를 일컫는다.

소춘대유희(笑春臺遊戲) 1902년 12월 2일 협률사(協律社) 단원들이 펼친 공연. 우리나라 최초의 극장식 가무악(歌舞樂) 공연 무대였다. 궁중무용과 민속무용, 판소리, 민요 등의 공연이 종합적으로 상연되었다.

소쿠리춤 주로 경상도 지방에서 행해지는 허튼춤. 마치 머리 위에 소쿠리를 받치고 있는 듯 양손을 올리고 어깨를 이리저리 움직이며 추는 춤이다. 이와 같은 허튼춤은 형식에 얽매이지 않고 즉흥적으로 추는 서민적인 춤이다.

속세의 번뇌가 1987년 김선희(金宣希)가 안무한 작품. 〈승무〉를 발레화한 것으로, 전통무용의 춤사위와 발레 테크닉의 결합을 실천했다.

소학지희(笑謔之戲) 조선시대에 시행된 청각적인 재담과 익살을 위주로 한 연희를 일컫는다. 노래가 아닌 말로, 가면이나 인형 같은 소품 없이 우스갯소리와 우스갯짓으로 관객들을 즐겁게 했다. '배우지희(俳優之戲)', '창우지희(倡優之戲)'라고도 한다.

속독(束毒) 신라 때 행해지던 다섯 가지 놀이인 신라오기(新羅五伎) 중 하나. 남색 탈을 쓴 채 북소리에 맞춰 무리지어 이리저리 뛰어다니면서 추었던 춤이다. 오늘날 속독은 몇몇 가면극에서 그 흔적을 찾을 수 있다.

손춤 손동작을 단순하게 반복하며 추는 매듭춤이자 허튼춤. 이를테면 주먹을 쥐었다가 손바닥을 펴는 동작을 규칙적으로 되풀이하거나, 거기에 한두 가지 동작을 더해 구사하는 춤동작이다. 주로 함경도 지방에서 행해졌는데, 흥을 돋우기 위해 추임새를 넣기도 한다.

송범(宋范) 1926년 출생, 2007년 사망. 충북 청주 출신의 무용수 겸 안무가이다. 조택원(趙澤元), 장추화(張秋華) 등에게 전통무용을 비롯해 발레와 현대무용을 사사했다. 30년간 국립무용단 단장을 지내고 중앙대학교 교수를 역임하며 숱한 제자들을 양성했다. 아울러 한국 전통무용에 스토리를 입혀 무대화하는 데도 큰 공헌을 했다. 주요 출연 작품으로 〈천하대장군〉, 〈비련〉, 〈배신〉 등이 있으며 안무 작품에는

〈습작〉, 〈아리랑 환상곡〉, 〈죄와 벌〉, 〈도미부인〉, 〈그 하늘 그 북소리〉 등이 있다.

송파산대놀이(松坡山臺~) 서울특별시 송파구 지역에 전승되는 탈춤의 한 종류이다. 서울·경기 지역의 탈춤을 산대놀이라고 하는데, 이것은 춤과 무언극에 익살이 어우러진 대표적인 산대놀이 중 하나이다. 전체 7과장(科場)으로 구성되어 있으며, 〈양주별산대놀이(楊洲別山臺~)〉에서는 사라진 '화장무' 춤사위가 남아 있다. 중요무형문화재 제49호이다.

수건춤(手巾~) 무구(舞具)로 수건을 이용하는 춤을 말한다. 수건 뿌리치기, 수건 날리기, 수건 휘감아 뽑아 올리기 같은 동작을 한다. 이를테면 〈살풀이춤〉을 수건춤이라고 할 수 있다.

수명명(受明命) 조선 초기의 당악정재(唐樂呈才). 태종이 명나라 황제에게 왕의 인준을 받은 사실을 주요 내용으로 하고 있다. 이 춤은 죽간자(竹竿子) 2명, 족자(簇子) 1명, 선모(仙母) 1명, 협무(挾舞) 8명, 인인장(引人仗) 2명, 정절(旌節) 8명, 용선(龍扇) 2명, 봉선(鳳扇) 2명, 작선(雀扇) 2명, 미선(尾扇) 2명 등 모두 30명으로 이루어졌다. 또한 수명명은 1402년 태종 2년에 하륜(河崙)이 태종에게 지어 바친 악장(樂章)을 일컫기도 한다.

수보록(受寶籙) 원래 수보록은 1393년 태조 2년에 정도전이 지어올린 악장(樂章)이었으나, 훗날 궁중무용인 정재(呈才)가 더해져 무악화(舞樂化)되었다. 24명의 여기(女妓)가 주악에 맞추어 춤을 추었으며, '수보록무(受寶籙舞)'라고도 한다.

수수무(垂手舞) 한국 전통무용에서, 두 손을 아래로 드리우고 추는 춤동작을 말한다.

수수쌍불(垂手雙拂) 두 팔을 한 일(一)자로 벌려서 북편 소리에 반쯤 내렸다가, 합장단(合~) 소리에 뒤로 뿌리는 춤사위를 말한다. 합장단이란, 장구의 북편과 채편을 한꺼번에 치는 장단을 일컫는다. 〈춘앵전(春鶯囀)〉에서 볼 수 있다.

수악절무(隨樂節舞) 궁중무용에 관한 용어. 음악에 따라 춤을 추는 것을 일컫는다.

수연장무(壽延長舞) 고려시대에 중국 송나라에서 들어온 당악정재(唐樂呈才) 중 하나이다. 성종 때부터 시행되었으며, 임금의 장수를 축원하는 내용을 담고 있다. 죽간자(竹竿子) 2명과 무원(舞員) 8명으로 구성된다.

수인(手印) 불상(佛像)에서 여러 가지 형태로 손가락을 구부리거나 편 자세를 말한다. 우리나라 전통춤의 다양한 손동작이 여기서 비롯된 것이라는 주장이 있다.

수인(囚人) 1926년 3월, 이시이 바쿠(石井漠)가 경성공회당에서 공연한 작품 중 하나. 이시이 바쿠가 결박된 끈을 풀고 자유의 환희를 표현한 작품으로, 당시 억압받던 조선의 처지를 연상시키며 화제를 불러 모았다. 최승희(崔承喜)도 이 작품에 감동받아 무용에 입문한 것으로 알려져 있다.

승무(僧舞) 조선시대의 대표적인 민속무용 중 하나로, 불교적 색채가 강한 독무(獨舞)이다. 장삼을 걸쳐 입고, 가사를 두르고, 고깔을 쓰고 춤을 춘다. 수행의 꿈을 이루지 못한 고뇌와 번민을 법고를 두드려 잊으려는 파계승의 심정을 나타낸다. 정중동(精中動)의 몸짓과 양팔을 서서히 들어올릴 때 보이는 유연한 곡선, 긴 장삼 자락을 이용한 멋스러운 춤사위 등이 보는 이의 감탄을 자아낸다. 흔히 이 춤은 우리나라 전통춤의 핵심을 모두 아우르고 있으며, 빼어난 기교로 공연예술로도 더할 나위 없는 춤으로 평가받는다. 중요무형문화재 제27호로 지정되었다.

승무살풀이(僧舞煞~) 독무(獨舞)이며, 살풀이춤과 춤사위가 비슷하다. 여느 승무와 달리 마지막 부분에 해탈의 경지를 표현한다. 경기도에서 무형문화재 제8호로 지정해 보호 · 전수하고 있다.

승무의 인상 1935년 조택원(趙澤元)이 발표한 작품으로, 한국 신무용의 가능성을 보여주었다. 이 작품은 그 후 조택원과 친분이 두터웠던 시인 정지용(鄭芝鎔)에 의해 그 명칭이 〈가사호접(袈裟胡蝶)〉으로 바뀌었다.

승전무(勝戰舞) 민속무용의 하나. 창사(唱詞)는 이순신의 충절을 받들며 승전을 축하하고 군사들의 사기를 북돋는 내용으로, '통영북춤'이라고도 한다. 중요무형문화재 제21호로 지정되어 있다. 무고(舞鼓)처럼 북을 중앙에 두고 원무(元舞) 4명이 동서남북으로 나뉘어 북을 울리며 가무(歌舞)를 한다. 아울러 원무를 에워싼 협무(挾舞) 12명이 둘레를 돌며 창을 한다.

시용무보(時用舞譜) 종묘 일무(宗廟佾舞)를 기록한 무보(舞譜). 종묘 제향 때 보태평지악(保太平之樂)과 정대업지악(定大業之樂)에 맞춰 추는 6일무(六佾舞)의 무보이다. 1권 1책으로, 편자와 연대는 알려져 있지 않다.

신로심불로(身老心不老) 1949년 조택원(趙澤元)이 발표한 작품. 동양적 노년의 세계를 그렸다. 조택원은 1940년대 후반부터 1950년대에 주로 외국에 머물며 무용 활동을 했는데, 이 작품은 미국 뉴욕에서 창작 · 공연되었다.

신무용(新舞踊) 1920년대 이후 새롭게 창작된 한국 춤. 외국 무용에 자극받은 전통무용을 바탕으로 새롭게 창작된 한국 무용을 일컫는다. 1926년 이시이 바쿠(石井漠)가 한국에서 공연한 것을 계기로 쓰이기 시작한 용어인데, 1950년대 이후 김백봉과 송범 등에 의해 그 개념이 확립되었다. 1954년 김백봉이 선보인 부채춤과 화관무 등은 신무용의 대표적인 예이며, 무용극과 발레 등의 발전도 함께 이루어졌다. 그 후 신무용은 새로운 기법과 소재가 꾸준히 개발되어 한국 창작무용의 발달로 이어졌다.

신무용과 한국 창작무용의 구조적 구분 신무용은 대개 3~10분 정도의 짧은 분량이었으며, 이따금 낭만적인 무용극 형식을 띠었다. 그에 비해 한국 창작무용은 20~40분 정도의 분량으로, 상황적 무용극 또는 극무용의 형식을 보였다.(무용평론가 김태원)

신무용과 한국 창작무용의 시대적 구분 신무용은 1920년대 후반에 탄생해 1970년대 초반까지 그 명맥을 이어갔다. 반면에 한국 창작무용은 1970년대 중반 이후 그 역사가 시작되었다.(무용평론가 김태원)

신무용과 한국 창작무용의 움직임 구분 신무용은 부드럽고 여유로운 곡선미와 개인의 기교가 돋보이도록 연출했다. 그에 비해 한국 창작무용은 언뜻 거칠어 보이는 움직임이 자주 등장하며, 집단무의 경우 역동성이 두드러진다.(무용평론가 김태원)

신무용과 한국 창작무용의 주제적 구분 신무용은 주로 회고적이고 낭만적인 정서를 담았으며, 풍속에 대한 미화에 치우치는 경우가 많았다. 그에 비해 한국 창작무용은 개인의 혼돈과 갈등, 사회와 문명에 대한 비판 등을 자주 다루면서 전

통적 미와 정서를 확대하기도 했다.(무용평론가 김태원)

신부 1994년 황희연(黃希蓮)이 안무한 작품. 서정주의 시 〈신부〉를 바탕으로 만든 것으로, 15분 분량의 솔로 작품이다.

신비(伸臂) 정대업지무(定大業之舞)의 춤사위 중 하나. 팔을 비스듬히 아래로 곧게 뻗고 눈도 그 쪽을 향하는 자세이다.

신작무용(新作舞踊) 신무용(新舞踊)을 일컫는 다른 이름. 새로운 형태의 민족적 표현무용으로 창작된 춤을 일컫는다. 이를테면 1954년 김백봉이 창작한 부채춤을 예로 들 수 있는데, 고전적인 형태에 현대의 미적 취향이 더해진 것이다.

심청 1986년 유니버설발레단(Universal Ballet)이 발표한 창작 발레 작품. 3막 4장으로 구성되었으며, 애드리엔 델라스(Adrienne Dellas)가 안무를 담당했다. 우리 고유의 이야기를 효과적으로 각색해 일본과 대만 등 아시아 여러 나라와 미국, 캐나다, 러시아 등에서 공연을 펼쳤다.

심향춘(沈香春) 조선시대 향악정재(鄕樂呈才) 중 하나. 순조 때 만들어졌으며, 꽃병에 꽂혀 있는 꽃가지를 뽑아들고 교태를 부리면서 봄 향기를 만끽하는 내용이다. 두 사람이 마주서서 춤을 추는 대무(對舞)로, 어여쁜 여인과 꽃의 아름다움을 표현한다. 춤사위가 〈가인전목단(佳人剪牧丹)〉과 비슷하다.

13 아해의 질주 1995년 홍승엽(洪承燁)이 안무한 작품. 시인

이상을 소재로 한 70분 분량의 작품으로, 식민지 치하에서 고뇌하면서도 찬란한 예술의 꽃을 피워낸 시인의 삶을 현대인의 삶에 빗대어 이야기했다.

쌍수(雙手) 무보(舞譜)에서, 양팔을 좌우로 움직이며 대칭이 되게 하는 춤사위를 말한다.

ㅇ

아리랑 1928년 배구자(裵龜子)가 미국 유학을 앞둔 고별 무대에서 공연한 창작 무용 작품. 그녀는 이 작품에서 어여쁜 시골 아가씨로 분장하여 민요 아리랑을 춤으로 연기했는데, 한국적 정서에 신무용의 춤사위가 더해진 의미 있는 무대였다.

아박(牙拍) 우리나라 고유의 타악기. 〈아박무(牙拍舞)〉를 출 때 두 손에 쥐고 박자를 맞추며 친다. 고려시대부터 이용됐으며, 그 재료로는 상아를 비롯해 고래 뼈와 소 등의 가축 뼈가 쓰였다.

아박무(牙拍舞) 고려시대와 조선시대 정재(呈才) 때 추었던 춤. 〈고려사(高麗史)〉 악지(樂志)에는 속악정재(俗樂呈才), 〈악학궤범(樂學軌範)〉에는 향악정재(鄕樂呈才)로 전한다. 2명의 무기(舞技)가 아박을 손에 들고 대무(對舞)한다. '동동(動動), 동동무(動動舞)'라고도 한다.

악무 '악무(樂舞)'는 음악과 춤을 아울러 일컫는 말이다.

악학궤범(樂學軌範) 1493년 조선 성종 24년에 왕명에 따라 성현(成俔) 등이 편찬한 음악책. 악기와 그 배열, 음악의 원리, 무용 절차 등이 설명되어 있다. 아울러 궁중 의식에서 연주되던 음악을 비롯해 아악(雅樂)과 당악(唐樂), 향악(鄕樂)을 그림으로 풀어 해설하고 있다. 당악정재와 향악정재에 관련된 내용이 풍부해 무용 연구에 있어서도 중요한 문헌이다.

악학궤범홀기(樂學軌範笏記) 정재홀기(呈才笏記)의 최고본(最古本)으로, 1705년 숙종 31년에 편찬되었다. 〈악학궤범〉 중 향악정재와 당악정재를 발췌하여 만든 것이다.

안막(安漠) 1910년 출생, 사망 연도 미상. 최승희(崔承喜)의 남편으로, 카프(KAPF, 조선프롤레타리아예술가동맹) 활동을 했던 문학평론가이다. 광복 후 최승희와 함께 월북했으나, 1958년 북한에서 숙청당한 것으로 알려져 있다.

안애순(安愛順) 1960년 출생. 서울 출신의 현대무용가이다. 이화여자대학교와 동대학원을 졸업한 뒤 한양대대학원에서 박사학위를 취득했다. 현대무용네사람과 한국컨템포러리무용단 단원으로 활동했으며, 1985년 안애순무용단을 창단했다. 아울러 대학로예술극장과 한국공연예술센터 예술감독을 역임했다. 주요 출연작으로 〈슈퍼스타 예수 그리스도〉, 〈개나리 마을〉, 〈인간화첩〉 등이 있고 〈뿌리〉, 〈만남〉, 〈여백〉, 〈찬기파랑가〉, 〈걸음은 멈추지 않는다〉, 〈찰나〉 등의 작품을 안무했다.

안은미(安恩美) 1962년 출생. 경상북도 영주 출신의 현대무용가이다. 이화여자대학과 동대학원에서 공부한 뒤, 미국 뉴욕대대학원(Tisch School of the Arts)을 졸업했다. 1986년부터 1992년까지 한국컨템포러리무용단에서 활동했고, 1994년 안스안스무용단을 창단했으며, 대구시립무용단 상임안무자를 역임했다. 주요 출연작으로 〈슈퍼스타 예수 그리스도〉, 〈소리-10〉, 〈마르코 폴로〉 등이 있고 〈사막에서 온 편지〉, 〈달〉, 〈무지개다방〉, 〈레드벨벳〉, 〈카르미나 부라나〉 등을 안무했다.

애드리엔 델라스(Adrienne Dellas) 미국 출신의 무용가. 선화예술중고등학교에서 발레 교사로 재직하며 많은 제자들을 가르쳤다. 그 후 1984년 설립된 유니버설발레단(Universal Ballet)의 초대 예술감독으로 위촉되었다. 1986년에는 유니버설발레단이 공연한 〈심청〉을 안무하기도 했다.

야유(野遊) '들놀음'이라는 뜻. 들에서 행하는 가면극의 하나이다.

양반춤(兩班~) 〈봉산탈춤〉 여섯째마당에 등장하는 춤. 주로 말뚝이와 양반 3형제의 재담으로 이루어지며, 양반을 조롱하고 풍자하는 내용이다.

양사위(兩~) 탈춤의 춤사위 중 하나. 두 손을 양쪽으로 던져 올리며, 한쪽 발로 뛰면서 반 바퀴 또는 한 바퀴를 도는 동작이다.

양수(兩手) 무보(舞譜)에서, 두 팔을 평행하게 하여 함께 움직이는 춤사위를 말한다.

양수거견(兩手擧肩) 보태평지무(保太平之舞) 등의 춤사위. 두 손을 모아 접고 어깨를 올리면서 오른쪽 다리를 들었다가 허리를 굽히며 손과 발을 함께 내린다.

양주별산대놀이(楊洲別山臺~) 산대놀이란, 우리나라 전통의 민속놀이이자 무용이다. 탈을 쓰고 큰길가나 공터에 만든 무대에서 하는 복합적인 구성의 탈놀이를 말한다. 그 중 하나인 양주별산대놀이는 서울과 중부 지방에 전승되어온 산대놀이의 한 분파이다. 이것은 연극적인 볼거리가 풍부한 가면극으로 파계승, 몰락한 양반, 무당 등 모두 32명의 배역이 등장한다.

어깨춤 앞이나 뒤로 발걸음을 옮기고 제자리에서 맴을 돌기는 하지만, 주로 어깨만 들썩이며 추는 허튼춤이다. 여성들의 군무(群舞)에서 흔히 볼 수 있다. 이와 같은 허튼춤은 형식에 얽매이지 않고 자유롭게 추는 서민적인 춤으로 지역과 사람에 따라 그 명칭이 다양하다.

어름새 춤판에서, 관객인 구경꾼을 어르는 춤사위를 말한다.

어무산신(御舞山神) 〈상염무(霜髥舞)〉 참조. 신라 헌강왕 때 경주 남산에서 산신이 나타나 춤을 추었는데, 그 모습이 임금에게만 보여 헌강왕 자신이 직접 춤을 추어 형상을 보였다고 한다. 그 춤이 곧 〈상염무〉이며, 〈어무산신〉 또는 〈어무상심(御舞祥審)〉이라고도 한다. 여기서 '상심'은 산신의 이름이다.

어무상심(御舞祥審) '어무상심(御舞象審)'이라고도 한다. 〈어무산신(御舞山神)〉과 함께 〈상염무(霜髥舞)〉를 일컫는 또 다른 명칭이다.

어 엄마 우스섯다 1997년 한국무용가 윤덕경(尹德卿)이 안무한 작품. 60분 분량의 작품으로, 장애가 있는 자식을 둔 어머니의 한과 그 해원(解寃)을 담고 있다. 보기 드물게 장애인 문제를 소재로 했으며, 한국 전통의 민속무용을 재창조하려는 의도를 확인할 수 있다.

얼싸춤 '거상춤(擧床~)'을 일컫는 다른 이름. 거상장단(擧床長短)에 맞춰 추는 굿춤을 말한다. 여기서 '거상'이란, 무속에서 의례상을 진설하여 신에게 바치는 행위를 가리킨다.

엇박춤 박자와 엇갈리게 추는 춤이라는 뜻. 우리나라 전통무용의 춤음악은 대개 3박자인데, 이 리듬은 장단과 장단 사이에서 즉흥적으로 춤을 맞춰 춰야 하는 경우가 발생한다. 이렇게 장단과 장단 사이에서 동작을 조절하는 춤을 엇박춤이라고 한다.

엉덩춤 일정한 형식에 얽매이지 않는 민속춤인 잡기춤(雜技~)의 한 종류. 엉덩이를 흔들며 익살스럽게 추는 춤이다.

에미 1999년 박명숙(朴明淑)이 안무한 작품. 75분 분량의 대작으로, 한 노파의 인생 역정을 통해 남성 우월주의 문화 때문에 상처받은 여성들의 영혼을 달래준다.

에헤야 노아라 최승희가 전통무용과 현대무용의 접목을 꾀한다는 의도에서 창작한 작품. 1954년 일본 도쿄의 청년회관에서 초연되었다. 이 작품에서 최승희는 조선인 한량으로 남장을 하고 나오는데, 마치 술 취한 사람 같은 춤 동작 등이 관객들에게 즐거움을 선사해 공연이 대성황을 이루었다. 그 때부터 최승희는 무한한 잠재력을 지닌 신인으로 평가받으며 평단의 주목을 받았다. 아울러 그 후 〈에헤야 노아라〉는 그녀가 당시 소속되어 있던 이시이바쿠무용단(石井漠舞踊團)의 고정 레퍼토리가 되어 자주 무대에 올려졌다.

여기(女妓) 춤이나 노래, 의술 따위를 익혀 국가에서 필요로 할 때 봉사하는 관비를 통틀어 일컫던 말이다.

여닫이 양 팔을 머리 위로 올렸다가 양 옆으로 펴는 동작을 반복하면서 전진하는 춤사위이다. 여닫이문을 여는 동작에 비유해 이런 명칭이 쓰이는데, 〈양주별산대놀이(楊洲別山臺~)〉에서 볼 수 있다.

여령(女伶) 조선시대 궁중 연회나 의식에서 춤을 추고 노래를 하던 여성을 말한다.

여악(女樂) 궁중 연회 때 여기(女妓)가 악기를 연주하고 노래를 부르며 춤을 추던 일, 또는 그 음악과 춤을 일컫는 말이다. 고려 이전부터 시작되어 조선시대까지 계승되었다. 조선에서는 태종 6년인 1406년에 제도화되었다.

여재성(呂在成) 1919년 출생, 2007년 사망. 함경남도 북청 출신의 무용가이다. 젊은 시절 〈북청사자놀음(北靑獅子~)〉을 전수받은 뒤, 한국전쟁 중 남한으로 내려와 평생 동안 그것을 재현하고 보존하는 데 힘썼다. 중요무형문화재 제15호인 〈북청사자놀음〉의 예기능보유자였다.

연귀소(燕歸巢) 두 팔을 벌린 채 뒷걸음질쳐 나가는 춤사위를 말한다. 〈검무(劍舞)〉, 〈춘앵전(春鶯囀)〉 등에서 볼 수 있다.

연백복지무(演百福之舞) 조선시대 당악정재(唐樂呈才) 중 하나. 순조 즉위 30년 때 효명세자가 임금의 만수무강과 복을 바라는 내용으로 만들었다. 죽간자(竹竿子)가 동서로 나뉘어

서고, 그 뒤에 네 사람이 한 줄로 선다. 그리고 왕모(王母)가 뒤를 따른다. 대개 사우무(四隅舞), 오방무(五方舞), 회선무(回旋舞), 부열무(復列舞), 사우무, 대수무(擡袖舞), 번수무(飜袖舞)의 순서로 춤을 춘다.

연풍대(燕風臺) 원을 그리며 빙빙 돌면서 추는 춤동작을 말한다. 〈농악무(農樂舞)〉, 〈검기무(劍器舞)〉 등에서 볼 수 있다.

연화대(蓮花臺) 고려시대부터 전해져오는 당악정재(唐樂呈才)의 하나. 두 선녀가 지상으로 내려왔다가 임금의 어진 성품에 탄복하여 춤과 노래로 보답한 뒤 다시 신선계로 돌아간다는 내용을 담고 있다.

연화대무(蓮花臺舞) 고려시대에 중국 송나라에서 들어온 당악정재(唐樂呈才) 중 하나. 2명의 여자아이가 고운 옷차림을 하고 금방울을 흔들면서 추는 춤이다. 모두 32명의 무원(舞員)이 보허자(步虛子)와 더불어 또 다른 세 곡조의 반주에 따라 춤을 춘다.

연화항(蓮花缸) 조선시대 향악정재(鄕樂呈才) 중 하나인 〈보상무(寶相舞)〉를 출 때 보상반(寶相盤) 위에 올려놓는 항아리를 말한다. 아랫부분에 돌아가며 연꽃을 그렸다.

염수족도(斂手足蹈) 궁중무용의 춤사위 중 하나. 두 손을 앞으로 여미고 무릎을 굽혔나 폈나 하는 동작을 말한다. 〈오양선(五羊仙)〉, 〈성택(聖澤)〉 등에서 볼 수 있다.

엽무(葉舞) 궁중무용의 하나. 조선 영조 이전에 〈첨수무(尖袖舞)〉를 일컫던 이름이다. 두 사람이 짧은 소매 옷을 입고 손바닥만 뒤집으며 어깨춤을 춘다.

영지무(影池舞) 조선시대 향악정재(鄕樂呈才) 중 하나. 6명의 무용수가 영지(影池)를 가운데 두고 3명은 그 앞에, 다른 3명은 뒤에 서서 서로를 마주보며 추는 춤이다. 순조 때 창작되었다. 여기서 '영지'란 춤을 위해 연못 모양으로 만든 기구를 말한다. 영지의 모양과 무동(舞童)의 복식 등에 대한 내용이 〈진작의궤(進爵儀軌)〉에 전한다.

예진(銳陣) 정대업지무(定大業之舞)를 출 때, 내무(內舞)가 직진(直陣)에서 예각의 진으로 변하는 장면을 말한다.

오광대(五廣大) 경상남도 일대에 두루 분포되어 있는 탈춤이다. 〈통영오광대〉, 〈고성오광대〉, 〈가산오광대〉 등이 중요무형문화재로 지정되어 전승되고 있다. 오광대는 양반을 비판하고 풍자하는 말뚝이의 재담이 매우 신랄하며, 그 중 〈통영오광대〉와 〈고성오광대〉는 다섯마당으로 구성된 특징이 있다.

오리춤 서울과 경기도 일대에서 전해져 내려오는 춤. 토테미즘(totemism)의 영향을 받아 생겨난 것으로, 오리처럼 길게 튀어나온 주둥이를 묘사하고 뒤뚱거리는 걸음걸이를 흉내내면서 춤을 추었다. 이와 같은 동물 모방 춤은 탈춤과 농악 등에서도 볼 수 있다.

오방무(五方舞) 한국 전통무용에서, 동 · 서 · 남 · 북 · 중의 방향으로 나뉘어서 추는 춤을 말한다. 〈처용무(處容舞)〉 등에서 볼 수 있다.

오색단갑(五色段甲) 무구(舞具)의 일종. 정대업지무(定大業之舞)를 출 때, 무원(舞員)들이 입던 갑옷을 말한다. 푸른색과 분홍색, 붉은색과 녹색, 흰색과 붉은색 등 화려한 색깔이 서로 조화를 이루도록 비단으로 치장을 한다.

오양선(五羊仙) 당악정재(唐樂呈才)에 속하는 궁중무용 중 하나. 임금의 장수를 기원하는 춤으로, 왕모(王母)를 가운데 두고 죽간자(竹竿子) 두 사람이 좌우에 서며 좌협무와 우협무 각 2명씩 네 귀에 벌여 서서 춤을 춘다. 송악(宋樂)의 하나로 지금까지 전해오는 보허자령(步虛子令)을 반주 음악으로 사용한다.

오줌싸개의 향연 1972년 임성남(林聖男)이 발표한 창작 발레 작품. 당시로는 드물게 위아래가 붙은 타이츠(tights)인 유니타드(unitard)를 입고, 사마귀의 습성을 묘사하는 등 낯선 동작들을 선보여 관객의 주목을 받았다.

58년 개띠 1993년 전미숙(全美淑)이 안무한 작품. 1950년대에 태어나 세상사에 순응하며 자아를 상실한 인간상을 그린 것으로, 기계적 일상과 온갖 사회적 강요에 시달리는 인간의 삶에 주목하고 있다.

옥도령(玉刀鈴) 신라 헌강왕은 각지를 돌아다니며 호국신(護國神)에게 제례를 올렸다. 그렇게 금강령(金剛嶺)에 이르렀을 때 북악(北岳)의 삼신(三神)이 나타나 춤을 추었는데, 그 춤을 일컬어 〈옥도령〉이라고 한다.

완자걸이 〈승무〉에서, 완자무늬처럼 걷는 춤사위를 말한다. 완자무늬란, '卍' 모양을 이어서 만든 무늬를 의미한다.

왕모(王母) 궁중무용에서 주축이 되어 춤추는 무원(舞員)을 말한다. 〈헌선도(獻仙桃)〉에서 선도반(仙桃盤)을 올리는 여기(女妓)를 가리킨다. 여기서 '선도반'은 선도(仙桃)를 담는 은쟁반이다. '선모(仙母)'라고도 한다.

왕모대무(王母隊舞) '왕모대가무(王母隊歌舞)' 참조. 고려시대의 당악정재(唐樂呈才) 중 하나이다. 1077년 문종 31년 연등회 때 이 춤이 처음 추어졌다고 한다. 일대(一隊)는 55명으로 이루어졌으며, 주로 '군왕만세(君王萬歲)'나 '천하태평(天下太平)' 같은 글자를 춤으로 표현했다.

왕모대가무(王母隊歌舞) 고려시대 당악정재(唐樂呈才)에 속하는 궁중무용 중 하나. 제11대 국왕인 문종 때 송나라에서 들여왔다. '군왕만세(君王萬歲)'나 '천하태평(天下太平)' 네 글자씩을 표현한 춤으로, 오늘날의 매스게임 같은 성격을 띠었다. '왕모대무(王母隊舞)'라고도 한다.

왕자호동 국립발레단의 창작 발레 작품. 1988년 임성남(林聖男)의 안무로 초연되었다. 호동 왕자와 낙랑 공주의 설화를 바탕으로 만들어졌으며, 2009년 문병남이 새롭게 안무한 이후 이탈리아 등 세계무대에서도 공연되고 있다.

외거(外擧) 손을 옆으로 천천히 들어올리며 어깨에서 2~3센티미터 처지게 하는 춤사위를 말한다. 보태평지무(保太平之舞)에서 볼 수 있다.

외고(外顧) 궁중무용에 관련된 용어. 바깥쪽으로 고개를 돌리는 동작을 말한다. 안쪽으로 돌아보는 동작은 '내고(內顧)'라고 한다. 〈학무(鶴舞)〉 등에서 볼 수 있다.

외무(外舞) 여러 줄로 벌려서 춤을 출 때 바깥쪽 줄에 서서 춤을 추는 것, 또는 그런 사람을 일컫는다.

외사위 탈춤의 춤사위 중 하나. 제자리에서 오른발을 들고 오른팔을 머리 위에서 치며 몸통을 왼쪽으로 틀면서 뛴다. 그리고 다시 왼발과 왼손으로 같은 동작을 반복하여 제자리로 서는 동작이다. 한편 농악무 상모돌리기에서는 소고재비가 추는 채상모 소고춤의 동작을 일컫는다.

외수(外袖) 궁중무용에 관련된 용어. 소매를 들어 어깨와 나란히 해 가슴의 바깥쪽으로 대는 춤사위를 말한다.

외족(外足) 궁중무용에 관련된 용어. 왼쪽에 선 사람의 오른쪽 발과 오른쪽에 선 사람의 왼쪽 발을 일컫는다.

요동춤(搖動~) 주로 경상도 지방에서 전해져 내려온 것으로, 성행위를 노골적으로 모방한 춤이다. 기방(妓房)이나 남녀가 뒤섞여 질펀하게 노는 장소에서 이 춤이 추어졌다. 전라도의 〈개구리춤〉과 경상도의 〈두꺼비춤〉에도 이와 같은 성행위 묘사 장면이 등장한다.

요수(搖袖) 전통무용의 춤사위 중 하나. 한쪽 팔씩 앞으로 미는 동작을 말한다.

용두춤(龍頭~) 주로 전라도 지방에서 전해져 내려온 것으로, 남성의 자위행위를 묘사한 춤이다. 기녀(妓女)들이나 짓궂은 아낙네들 사이에서 행해졌는데, 지나치게 야하다기보다는 해학적인 면이 강하다.

용북춤(龍~) 함경남도 풍산 지방의 민속무용. 남성들이 추는 역동적인 춤으로, 큰 북 하나를 놓고 여럿이 함께 치거나 저마다 작은 북을 메고 흥겨운 춤사위를 연출한다. 처음에는 풍년을 기원하는 의미를 담기도 했으나, 점차 명절날 등에 즐기는 여흥의 측면이 강해졌다.

용선(龍扇) 쌍룡(雙龍)을 그린 의장(儀仗) 부채로 전체 길이는 2~3미터 정도 된다. 당악정재(唐樂呈才)에 사용하는 무구(舞具) 중 하나이며, 무원(舞員)들이 들고 날 때 죽간자(竹竿子)나 인인장(引人仗) 등과 함께 앞에서 인도하는 역할을 한다. 나무로 된 부채 양면에 붉은 비단을 덮어 금빛으로 용을 그린다.

용알(龍~) '채구(彩毬)'를 일컫는다. 궁중무용에 필요한 무구(舞具) 중 하나로, 〈포구락(抛毬樂)〉 등에 쓰이는 나무로 만든 공이다.

우도굿(右道~) 전라도 서부 평야지대에서 행해지던 농악(農樂). 이를테면 고창, 부안, 정읍, 김제, 장성 등에서 행해지던 농악을 말한다. 개인의 재주에 치중하는 좌도굿(左道~), 즉 좌도농악(左道農樂)과 달리 단체 놀이를 중심으로 판이 펼쳐진다.

우리 마을의 이야기 1956년 김백봉(金白峰)이 발표한 2막 3장의 무용극. 우리 민족의 정서가 깃든 우리나라의 옛 이야기로 무용극을 만들 수 있다는 가능성을 보여준 작품이다. 실제로 김백봉은 이 작품을 통해 민속무용의 움직임에 현대무용 기법을 적용하여 무대예술로 승화시켰다.

우선(右旋) 한국 전통무용에서 오른쪽으로 돌거나 돌리는 동작을 말한다.

우정수(右呈手) 조선시대 향악정재(鄕樂呈才) 중 하나인 〈향령무(響鈴舞)〉의 춤사위. 왼팔을 활 무양으로 이마 쪽으로 구부리고, 오른팔은 수평이 되게 한 다음 장단에 맞춰 방울을 흔든다.

우타장(右打場) 조선시대 향악정재(鄕樂呈才) 중 하나인 〈향령무(響鈴舞)〉의 춤사위. 합선(合蟬) 자세에서 오른손을 떨어뜨린 뒤, 두 손으로 계락(界樂) 장단에 맞춰 방울을 흔든다.

우협무(右挾舞) 주연자(主演者) 오른쪽에서 함께 춤을 추는 사람이나 그런 일을 의미한다.

원과 곡선의 움직임 일반적으로 우리나라의 춤동작은 원과 곡선의 춤사위가 강조된다. 따라서 동작이 끊어질 듯 끊어지지 않는 상상선(想像線)이 나타난다. 아울러 시선은 정면이나 땅을 응시하는 경우가 많으며, 형태적 기교보다 감성적 내면성을 중시한다.

원무(元舞) 여러 사람이 춤을 출 때 주축이 되는 춤, 또는 그와 같은 춤을 추는 사람을 일컫는다.

원진도(圓陣圖) 궁중무용에 쓰이던 무용 구도 중 하나. 많은 수의 무원(舞員)들이 커다란 원을 이루고, 그 안에 또 다른 무원들이 그보다 작은 원의 형태로 늘어선다.

원화무(圓花舞) 가인전목단(佳人剪牧丹) 등의 춤에서, 중앙에 놓인 꽃병을 향해 원을 그리면서 추는 춤을 말한다.

월전(月顚) 신라 때 행해지던 다섯 가지 놀이인 신라오기(新羅五伎) 중 하나. 술에 취해 추는 해학적인 춤이다. 서역에서 전해진 일종의 탈춤으로 추측되기도 하지만 명확한 자료가 있지는 않다.

윗놀이춤 농악무(農樂舞) 중 상모놀이에 중점을 두는 춤을 일컫는 말이다.

유니버설발레단(Universal Ballet) 1984년 설립된 한국의 발레단. 최초의 민간 발레단으로 창단되었으며, 국경을 초월한 예술의 경지를 지향한다는 의미로 '유니버설'이란 명칭을 사용했다. 창단 공연 작품은 〈신데렐라〉였다. 그 후 고전주의 작품 일색이던 국내 현실에서 〈심청〉 같은 창작 발레를 무대에 올렸고, 난이도 높은 〈돈키호테(Don Quixote)〉 등을 국내에 처음 소개했다. 소재지는 서울특별시 광진구 능동이다.

유리도시 1988년 배정혜(裵丁慧)가 안무한 작품. 도시의 일상에 갇혀버린 현대인의 존재에 대해 상징적이고 서정적인 이미지를 구현하고 있다.

육완순(陸完順) 1933년 출생. 전라북도 전주 출신의 현대무용가이다. 이화여대 학부와 대학원에서 무용을 전공한 뒤 미국으로 유학을 가 일리노이주립대학과 코네티컷대학에서 현대무용을 공부했으며, 마사 그레이엄(Martha Graham)과 호세 리몽(José Limoń) 등을 사사했다. 그리고 1963년 국립극장에서 열린 귀국 발표회를 계기로 미국의 현대무용을 우리나라에 본격적으로 소개했다. 많은 평론가들은 그녀를 기점으로 우리나라에서 실질적인 현대무용의 역사가 시작된 것으로 보고 있다. 그 후 육완순은 이화여대 등에서 교수로 재직하며 마사 그레이엄의 '수축과 이완(contraction and release)' 같은 이론을 적극적으로 도입했다. 주요 작품으로 〈흑인영가〉, 〈기본 동작〉, 〈부활〉, 〈인간상〉, 〈황무지〉, 〈단군신화〉 등이 있다.

육화대무(六花隊舞) 조선 전기의 당악정재(唐樂呈才) 중 하나. 춤은 화심(花心)인 중심무(中心舞) 1명과 죽간자(竹竿子) 2명, 육화(六花)를 상징하는 무원(舞員) 6명 등 모두 9명으로 이루어진다. 〈악학궤범(樂學軌範)〉과 〈정재무도홀기(呈才舞圖笏記)〉에서 이 춤의 절차를 확인할 수 있다.

윤대(輪臺) 조선시대 향악정재(鄕樂呈才) 중 하나인 〈춘대옥촉(春臺玉燭)〉을 추기 위해 만든 가설무대로, 일종의 무구(舞具)이다. 기록에 따르면, 높이 두 자에 길이와 너비가 각각 여덟 자 다섯 푼으로 알려져 있다.

은율탈춤(殷栗~) 황해도 은율 지방에 전승되어오는 탈춤을 말한다. 상좌춤, 팔목중춤, 사자춤, 노승춤, 양반춤, 영감 · 할미춤의 여섯 과장(科場)으로 구성되어 있다. 모두 24명의 인물이 등장해 파계승을 풍자하고 양반을 조롱하며 축첩의 폐해와 서민 생활의 곤궁함을 보여준다. 그 중에서도 특히 양반에 대한 비판이 강조된다.

의물(儀物) 무용을 할 때 무용수가 직접 손에 들거나 무대에 배치하는 도구를 말한다. 이를테면 〈검무(劍舞)〉의 칼, 〈무산향(舞山香)〉의 대모반(玳瑁盤)을 비롯해 죽간자(竹竿子) 등이 그것이다. '무구(舞具)'라고도 한다.

이동안(李東安) 1906년 출생, 1995년 사망. 중요무형문화재 제79호인 발탈예능보유자이다. 발탈이란, 한쪽 발에 탈을 씌워서 연희하는 예능을 말한다. 〈태평무〉, 〈승무〉, 〈진쇠춤〉, 〈신칼대신무〉, 〈한량춤〉 등 30여 가지 전통춤의 원형을 보존하는 데 평생 헌신했으며 줄타기에도 재주가 있었다.

이매방(李梅芳) 1927년 출생. 전라남도 목포 출신의 한국무용가이다. 중요무형문화재 제27호 〈승무(僧舞)〉 및 중요무형문화재 제97호 〈살풀이춤〉 예능보유자이며, 용인대학교 무용학과 교수를 역임했다. 세계 각국에서 공연을 펼쳐 한국무용의 우수성을 알렸고, 1998년 프랑스 예술문화훈장을 받았다.

이수고저(以袖高低) 한국 전통무용에서, 앞으로 나갔다 뒤로 물러섰다 하며 한 팔씩 올렸다 내리는 춤사위를 말한다. 〈춘앵전(春鶯囀)〉, 〈가인전목단(佳人剪牧丹)〉 등에서 볼 수 있다. '번수(飜袖)'라고도 한다.

이시이 바쿠(石井漠) 1887년 출생, 1962년 사망. 일본 출신의 무용가이다. 어린 시설에 발레를 배워 무용가와 무용교사로 일한 뒤, 35살의 나이에 유럽으로 유학을 떠나 4년간 서양 무용에 대해 공부했다. 그는 그 곳에서 표현주의와 다다이즘을 비롯해 무용과 음악의 새로운 관계에 눈을 떴고, 일본으로 돌아와 근대무용을 전파했다. 또한 1926년 우리나라 경성에서도 공연을 개최했는데, 그것이 조선의 신무용 발전에 중요한 계기가 되었다. 최승희(崔承喜)와 조택원(趙澤元) 등을 연구생으로 받아들여 한국 근대무용 탄생의 기반을 마련한 것이다.

이애주(李愛珠) 1947년 출생. 서울 출신의 한국무용가이다. 서울대학교에서 무용을 전공했으며, 김보남(金寶男)과 벽사(碧史) 한영숙(韓英淑)에게 사사했다. 1974년 첫 번째 개인발표회인 〈이애주 춤판〉을 연 이래 국내는 물론 세계 각지를 다니며 한국 전통무용의 가치를 빛냈다. 또한 1984년 춤패 신을 창단해 민주화 과정에서 상처받은 사람들을 춤으로 위로했으며, 1996년에는 중요무형문화재 제27호 〈승무〉 예능보유자로 지정되었다. 1996년 이후 서울대학교에서 후학을 양성하고 있다.

이원국(李元國) 1967년 출생. 부산 출신의 발레무용가이다. 중앙대학교 무용학과를 졸업한 뒤 유니버설발레단, 러시아 키로프발레단, 루마니아 국립발레단 등에서 활동했다. 그리고 다시 국내에서 국립발레단 수석단원과 지도위원을 역임하기도 했다. 그 후 이원국발레단 대표이사 및 예술감독을 맡았다. 주요 출연작으로 〈레퀴엠〉, 〈해적〉, 〈바리〉, 〈로미오와 줄리엣〉, 〈펠레아스와 멜리장드〉 등이 있다.

이정희(李丁姬) 1947년 출생. 서울 출신의 현대무용가이다. 이화여대와 동대학원에서 무용을 전공한 뒤 미국으로 유학을 떠나 뉴욕대학, 콜롬비아대학, 마사그레이엄무용학교 등에서 공부했다. 귀국 후 중앙대학교에서 후학을 양성했으며, 현대무용단 푸름 예술감독 등을 역임했다. 주요 작품으로 〈살푸리〉 연작 등이 있는데, 자신의 작품 속에 스크린 영상을 삽입하는 등 비디오 댄스 작업에도 많은 노력을 기울였다.

인간문화재(人間文化財) 중요무형문화재보유자(重要無形文化財保有者) 참조. 예술적 · 역사적 · 학술적으로 중요한 가치가 있다고 판단해 보호 대상으로 지정한 중요무형문화재를 원형대로 정확히 수련해 보존하고 있다고 국가에서 인정한 사람을 말한다.

인무(人舞) 아무런 무구(舞具)도 쓰지 않고 맨손으로 추는 춤을 말한다.

인인장(引人仗) 의장(儀仗)의 하나. 당악정재(唐樂呈才)에 쓰이는 것으로, 주칠(朱漆)을 한 대나무로 자루를 제작하고 꼭지의 꾸밈새는 나무로 만들었다. 여기서 주칠이란, 누린색이 조금 섞인 붉은색의 칠을 말한다.

인천시립무용단 1981년 설립된 무용단. 인천광역시 산하의 무용단이다. 〈굴레야 굴레야〉로 창단 공연을 가진 이후 매년 2회의 정기공연 등 활발한 활동을 펼치고 있다. 종묘제례악일무(宗廟祭禮樂佾舞) 등을 주요 레퍼토리로 삼아 전통무용에 대한 친밀감을 높이는 한편, 새로운 창작무용 개발에도 노력하고 있다.

일무(佾舞) 조선시대의 종묘나 문묘 제례 때 여러 사람이 줄을 지어 서서 추던 춤을 말한다. 이 때 일(佾)은 열(列)과 같은 의미이며, 사람의 수와 줄의 수는 가로 세로가 똑같았다. 일무는 제사의 규모에 따라 8일무, 6일무, 4일무, 2일무로 구분된다. 즉 천자(天子)는 8일무, 왕(王)과 제후(諸侯)는 6일무, 대부(大夫)는 4일무, 사(士)는 2일무를 추었던 것이다. 예를 들어 8일무의 경우, 가로 세로 8줄로 늘어선 64명의 무용수가 참여했다. 또한 일무는 문무(文舞)와 무무(武舞)로 나뉘는데, 문무를 출 때는 양손에 약(籥)과 적(翟)을 들었고 무무를 출 때는 방패와 목검 같은 무기를 들었다. 반주 음악으로는 문무에 보태평(保太平)을 연주했고, 무무에 정대업(定大業)을 연주했다. 원래 일무는 중국에서 전해진 것이다. 하지만 중국에서는 일찍이 일무가 사라졌고, 우리나라에서는 고려 예종 때 전해진 이래 오늘날까지 그 명맥을 이어오고 있다.

일비거일비저(一臂擧一臂低) 궁중무용에 관련된 용어. 안쪽 팔은 위로 들고, 바깥쪽 팔은 아래로 비스듬히 내리는 동작을 말한다. 〈아박무(牙拍舞)〉에서 볼 수 있다.

일자활개펴기춤 팔만 벌리거나, 몸의 관절만 움직이거나, 또는 아래위로만 움직이면서 제멋대로 추는 춤을 말한다. '입춤(立~)'이라고도 하며 '배김새춤, 도굿대춤, 막대기춤, 몽둥이춤, 절굿대춤, 번개춤'이라고도 한다.

임성남(林聖男) 1929년 출생, 2002년 사망. 본명 임영규(林泳圭). 서울 출신의 무용수 겸 안무가이다. 1947년 전주사범학교를 졸업하고 한동인발레단에서 무용수로 활동하다가 한국전쟁이 발발하자 일본으로 건너가 핫도리시마다발레단에 입단했다. 그 후 1953년 일본의 젊은 발레 무용수들이 새롭게 창단한 도쿄청년발레단의 공연 작품 〈백조의 호수(Swan Lake)〉에서 주역인 지그프리트 왕자 역을 맡았다. 그리고 그 해 귀국해 당시만 해도 불모지나 다름없던 이 땅에서 발레 교육을 시도했으며, 자신의 발레단을 설립해 〈백조의 호수〉를 비롯하여 〈목신의 오후(L'Apre ́s-midi d'un faunne)〉 같은 걸작들을 잇달아 선보였다. 아울러 1960년에는 파리국제민속예술제에 참가하는 한국 대표단의 〈춘향전(春香傳)〉 안무와 연출을 맡기도 했다. 그런 가운데 후진 양성을 위한 그의 노력은 계속돼 국립무용단 초대 단장으로 일했고, 1972년부터 30년 동안은 국립발레단 단장을 역임하며 숱한 제자들을 길러냈다. 그 밖의 주요 작품으로 〈지젤(Giselle)〉 같은 세계적 명작 발레와 〈지귀(志鬼)의 꿈〉, 〈왕자호동〉, 〈예불(禮佛)〉, 〈처용〉, 〈오줌싸개의 향연〉 등이 있다.

임학선(林鶴璇) 1950년 출생. 한국무용 안무가이자 교육자이다. 이화여자대학교 무용학과와 동대학원을 졸업한 뒤, 한양대학교에서 '명무 한성준의 춤 구조 연구'로 박사 학위를 받았다. 현재 성균관대학교 무용학과 교수이며, 서울시무용단 단장 등을 역임했다. 그녀가 이끄는 무용단 '임학선 댄스 위'는 2004년 창작무용 〈공자〉를 선보여 큰 관심을 모았다.

입춤(立~)[1] 기생들이 특별히 복장을 갖춰 입지 않은 채 둘이 마주 서서 추는 춤을 말한다.

입춤(立~)[2] 무용의 기본적인 자세를 익히기 위해 훈련 삼아 추는 춤을 말한다. '거드름춤'이라고도 한다.

입춤(立~)[3] 팔만 벌리거나, 몸의 관절만 움직이거나, 또는 아래위로만 움직이면서 제멋대로 추는 춤을 말한다. '배김새춤, 도굿대춤, 막대기춤, 몽둥이춤, 절굿대춤, 일자활개펴기춤'이라고도 한다.

잉어걸이 〈승무〉에서, 지그재그로 걷는 춤사위를 말한다.

ㅈ

작법(作法) 불교 의식에서 추는 모든 춤을 일컫는다. '범무(梵舞)'라고 하며 나비춤, 바라춤, 법고춤 등이 있다. 작법은 가장 규모가 크고 호화로운 영산재(靈山齋) 중 식당작법(食堂作法)에 대부분 포함되어 있다.

작선(雀扇) 정재(呈才) 때 사용하던 의장(儀章)의 하나. 또는 그것을 드는 사람을 일컫는다. 공작새 깃 모양을 한 부채로, 긴 막대를 자루로 삼아 들고 다녔다.

잡기춤(雜技~) 여러 가지 병신춤을 아울러 일컫는 말이다. 일정한 형식에 얽매이지 않는 즉흥적인 민속춤, 즉 허튼춤이라고 할 수 있다. 그 종류에 〈봉사춤〉, 〈곱사등이춤〉, 〈곰배팔이춤〉, 〈엉덩춤〉 등이 있다.

장구춤 농악놀이 중 설장구 개인놀이에서 개작된 춤이다. 1930년대에 최승희(崔承喜)가 새롭게 무용화하여 본격적인 무대예술로 자리 잡았다. 장구를 어깨에 비스듬히 둘러메고 치면서 추는 춤인데, 느리고 빠른 다양한 가락이 연주되면서 매우 발랄한 분위기를 띤다. 흔히 혼자 또는 두 사람이 마주한 형태로 춤을 추는데, 최근에는 군무(群舞)를 비롯한 다채로운 안무로 독특한 멋을 표현하는 경향이 있다.

장삼춤(長衫~) 탈춤에서, 긴 소매를 휘저으며 추는 춤을 말한다. 〈강령탈춤〉 등에서 볼 수 있는데, 장삼소매를 고개 너머로 힘차게 휘두른다.

장생보연지무(長生寶宴之舞) 조선 순조 때 창작된 당악정재(唐樂呈才) 중 하나. 훗날 익종으로 추존되는 효명세자가 중국 송대(宋代)의 기성절(基聖節)에 쓰이던 '장생보연지악(長生寶宴之樂)'의 이름을 빌려 만들었다. 죽간자(竹竿子) 2명, 원무(元舞) 5명으로 이루어진 춤이다.

장추화무용(Dance of Jang Chu-hwa) 1948년 한국의 현대발레를 미국에 소개하기 위해 만든 다큐멘터리. 당시 대표적인 영화감독이었던 최인규가 감독과 촬영 등을 맡았다. 장추화는 최승희로부터 유럽 현대무용의 개척자인 마리 비그만(Mary Wigman)의 기법을 전수받은 무용수였다.

재중이무(在中而舞) 궁중무용에 관련된 용어. 위치 이동 없이 제자리에서 춤을 추는 것을 말한다. 〈무애무(無㝵舞)〉, 〈제수창(帝壽昌)〉 등에서 볼 수 있다.

저앙수(低昻袖) 궁중무용에 관련된 용어. 팔을 높였다 낮추며 춤을 추는 동작을 말한다. '이수고저(以袖高低)'라고도 한다. 〈춘앵전(春鶯囀)〉에서 볼 수 있다.

전대(前隊) '앞의 부대'라는 뜻. 즉 군무(群舞)에서 앞에 서 있는 대열(隊列)을 의미한다.

전미숙(全美淑) 1958년 출생. 전라남도 순천 출신의 현대무용가이다. 이화여자대학과 동대학원에서 무용을 전공했다. 현대무용단 탐에서 단원 및 상임안무가로 활동했으며, 한국예술종합학교 교수를 역임했다. 〈도망의 아리아〉 등에 출연했고, 주요 안무 작품으로 〈안식각〉, 〈잠 없는 꿈〉, 〈유리알 유희〉, 〈다다편편〉, 〈아듀, 마이러브〉, 〈목련〉 등이 있다.

전화지(轉花持) 몸 뒤로 양팔을 여민 다음 한쪽 팔씩 들고 솟아 뛰는 춤사위이다. 〈춘앵전(春鶯囀)〉에서 볼 수 있다.

절굿대춤 팔만 벌리거나, 몸의 관절만 움직이거나, 또는 아래 위로만 움직이면서 제멋대로 추는 춤을 말한다. '입춤(立~)'이라고도 하며 '배김새춤, 도굿대춤, 막대기춤, 몽둥이춤, 일자활개펴기춤, 번개춤'이라고도 한다.

절름발이춤 경상남도 밀양에서 백중놀이(百中~) 때 행해지던 병신춤. 양반들의 차별에 시달리던 상민이나 천민들이 다리에 장애가 있는 사람을 흉내내 비틀거리고 기우뚱대며 추었던 춤이다. 이것은 장애에 대한 조롱이 아니라 양반들의 위선을 풍자하며 울분을 토로하는 수단이있다.

절요이요(折腰理腰) 앞뒤로 무릎을 굽실거리는 춤사위. 〈처용무(處容舞)〉에서 볼 수 있다.

정대업(定大業) 국왕의 무공(武功)을 찬양하는 내용의 음악과 춤을 말한다. 즉 정대업지악(定大業之樂)과 정대업지무(定大業之舞)를 아울러 이르는 것이다.

정대업지무(定大業之舞) 종묘제례 때 추는 무무(武舞)를 일컫는 말이다. 검, 창, 활을 든 내무(內舞) 36명과 소라, 북, 오색기를 든 외무(外舞) 35명이 다양하게 진형(陣形)을 바꾸어 가며 추는 춤이다.

정방(正方) 동서남북의 똑바른 사각(四角)을 말한다. 춤의 대형을 이야기할 때 언급되는 용어이다.

정읍사가무(井邑詞歌舞) 오늘날 가사가 전하는 유일한 백제 가요인 〈정읍사(井邑詞)〉를 바탕으로 한 노래와 춤. 행상을 나가 늦도록 돌아오지 않는 남편을 걱정하는 아내의 애틋한 마음이 담겨 있다.

정재(呈才) 우리나라의 궁중무용을 일컫는 말이다. 나라에 경사가 있거나 각종 연회가 열릴 때 궁궐에서 정재를 추었다. 아악(雅樂)에서 유래한 일무(佾舞)를 비롯해 당악정재(唐樂呈才)와 향악정재(鄕樂呈才)로 구분된다. 정재는 주로 임금 앞에서 춤을 추었기 때문에 고상하고 우아하며 예를 갖춘 동작이 특징이다. 또한 무용수인 무원(舞員)들의 옷차림과 무대 장치도 매우 화려했다.

정재만(鄭在晩) 1948년 출생. 경기도 화성 출신의 무용가이다. 경희대학교와 동대학원에서 무용을 전공했으며, 1987년부터 숙명여대 무용학과에서 후학을 양성했다. 2000년에는 중요무형문화재 제27호 〈승무〉 예능보유자로 지정되었다. 그 밖에 정재만무용단 남무단 대표, 벽사춤아카데미 이사장 등을 역임했다.

정재무도홀기(呈才舞圖笏記) 1893년 고종 30년에 편찬된 정재홀기(呈才笏記). 이전 것에 비해 매우 많은 정재가 그림과 함께 수록되어 있다.

정재홀기(呈才笏記) 정재의 절차를 적은 무보(舞譜)이다. 춤의 종류와 형태가 악보처럼 약속된 기호 또는 그림으로 기록되어 있다. 여기서 '홀기'의 의미는 연회나 제례 같은 의식에서 그 진행 순서를 적어 낭독하게 하는 기록을 말한다.

정절(旌節) 의장(儀仗)의 하나. 막대 끝에 소 꼬리털이나 새의 깃털을 붙인 일종의 기(旗)이다. 당악정재(唐樂呈才)에 쓰였다.

제수창(帝壽昌) 조선시대 당악정재(唐樂呈才) 중 하나. 순조 때 창작된 춤으로, 임금을 송축하는 내용을 담고 있다. 모두 13명의 무원(舞員)으로 이루어진다. 구체적인 구성 내용은 죽간자(竹竿子) 2명, 족자(簇子) 1녕, 선모(仙母) 1명, 진대

(前隊) 4명, 후대(後隊) 4명, 황개(黃蓋) 1명이다. 반주 음악은 보허자령(步虛子令)과 향당교주(鄕唐交奏)이며, 〈궁중정재무도홀기(宮中呈才舞蹈笏記)〉에 무보(舞譜)가 실려 있다.

제행이무(齊行而舞) 궁중무용에 관련된 용어. 나란히 서서 춤을 춘다는 뜻인데, 일렬 대형으로 가지런히 서서 춤을 추는 것을 말한다. 〈사선무(四仙舞)〉, 〈최화무(催花舞)〉 등에서 볼 수 있다.

제행족도(齊行足蹈) 궁중무용에 관련된 용어. 일렬 대형으로 나란히 서서 걸어가는 것을 말한다. 족자(簇子)와 죽간자(竹竿子)가 함께해 구호를 부르기도 한다.

조선교육무용연구소 1946년 함귀봉(咸貴奉)이 설립한 무용 연구소. 약 3년가량 활동했는데, 성인과 청소년에게 당시로는 상당히 체계적인 무용 교육을 실시했다. 주요 교과목으로는 신흥무용기본, 창작법, 해부학, 조명론, 미학 등이 개설되어 있었다.

조선무용건설본부 1945년 결성된 무용 단체. 40여 명의 무용가가 모여 대한민국 무용의 초석을 다지고, 식민지 잔재를 청산하기 위해 만들었다. 그러나 구성원들 사이의 대립과 운영 미숙으로 몇 달이 지나지 않아 해산되었다.

조선무용예술협회 1946년 결성된 무용 단체. 조택원(趙澤元)을 위원장으로 위촉하고 현대무용부, 발레부, 교육무용부 등 5개의 분과를 두었다. 그 해에 총 200여 명이 출연하는 창단 공연을 펼치며 의욕적으로 출범했으나 구성원들 사이의 유대감이 미흡하고 이념적 방향성도 확보하지 못해 곧 해산되었다.

조선민족무용기본 최승희(崔承喜)의 저서 중 하나. 1958년 평양 조선예술사에서 발간되었다. 이 책에는 탈춤, 부채춤, 소고춤, 칼춤, 입춤 같은 춤의 무보(舞譜)와 기본 춤사위, 그리고 우리 춤의 동작에 필요한 장단과 반주곡 등이 수록되어 있다.

조선아동무용기본 1964년 출판된 최승희(崔承喜)의 저서. 이 책은 무용을 통해 아동의 정서 함양과 조화로운 신체 발달에 도움을 줄 목적으로 만들어졌다. 아울러 당시 어린이를 대상으로 한 북한의 사회주의 교육의 한 형태로 춤이 기능했음을 알 수 있게 하는 책이다.

조은미(曺恩美) 1955년 출생. 서울 출신의 현대무용가이다. 이화여자대학교와 동대학원을 졸업했고, 프랑스와 미국 등 해외 무용학교에서 수학했다. 현대무용단 탐을 창단했으며, 한국현대춤협회를 공동 창립해 회장을 역임하기도 했다. 1992년부터는 이화여자대학교 교수로 후학을 양성하고 있다. 〈슈퍼스타 예수 그리스도〉 등에 출연했고 〈구름

무늬〉, 〈소나타 11번〉, 〈랑데뷰〉, 〈비탄〉, 〈경멸별장〉 등을 안무했다.

조흥동(趙興東) 1941년 출생. 경기도 이천 출신의 무용가이다. 중앙대학교와 동대학원을 졸업했고 국립무용단에 입단해 상임안무가와 예술감독을 역임했다. 아울러 중요무형문화재 제92호 〈태평무〉 이수자이며 태평무보존회 회장, 국민대학교 무용학부 교수이다. 〈원효대사〉, 〈은하수〉, 〈회상〉 등에 출연했고 〈귀향〉, 〈이차돈〉, 〈흙의 울음〉, 〈황진이〉, 〈마의태자〉 등을 안무했다.

조택원(趙澤元) 1907년 출생, 1976년 사망. 함경남도 함흥 출신의 무용가이다. 유망한 정구 선수로 활동하다가, 1927년 경성에서 이시이 바쿠(石井漠)의 무용 발표회를 관람한 뒤 진로를 바꿔 무용계에 입문했다. 이시이의 제자가 되어 일본으로 건너가 무용을 사사하고 무대에 오르기 시작한 것이다. 그 뒤 그는 1932년 귀국해 경성보육학교 교수로 취임했고, 조택원무용연구소를 설립했다. 그리고 이듬해부터 신무용 공연을 펼쳐 주목받았는데 〈승무의 인상〉, 〈만종〉, 〈포엠〉 등이 당시의 주요 작품이다. 나아가 그는 일본을 비롯해 1937년부터 프랑스, 미국 등에서 공연을 펼치며 활동 영역을 세계무대로 넓혔다. 수년간 미국과 유럽 각지에서 400여 회의 크고 작은 공연을 했던 것이다. 1960년 귀국해서는 한국무용협회 이사장을 역임하고 예술원 회원에 선임되었으며 많은 제자들을 양성했다. 그의 춤은 여성적 섬세함과 서정성이 돋보였고 밝은 분위기로 관객들의 호응을 얻었다. 주요 작품으로 〈학〉, 〈부여회상곡〉, 〈춘향전〉 등이 있다.

족도(足蹈) 전통무용에서, 양쪽 발을 떼어 옮기는 춤사위를 말한다. 이 때 발바닥이 보이지 않도록 주의해야 하고, 오금도 되도록 구부리지 말아야 한다.

족자(簇子) 당악정재(唐樂呈才)에 사용하던 의물(儀物), 또는 그것을 든 사람을 일컫는다. 〈만수무(萬壽舞)〉, 〈금척무(金尺舞)〉, 〈제수창(帝壽昌)〉 등에서 볼 수 있다.

종묘제례(宗廟祭禮) 조선시대 역대 왕과 왕비의 신위를 모셔놓은 사당인 종묘에서 지내는 제사를 말한다. 엄격한 유교식 절차에 따라 진행된다. 중요무형문화재 제56호이며, 2001년에는 유네스코 세계무형유산으로 지정되었다.

좌도굿(左道~) 전라도 북동부 산간지대에서 행해지던 농악(農樂). 즉 곡성, 구례, 화순, 남원, 진안, 장수, 무주, 임실, 순천 등의 농악을 말한다. 개인의 재주에 치중하는 특징이 있다.

좌선(左旋) 한국 전통무용에서 왼쪽으로 돌거나 돌리는 동작을 말한다.

좌우소전(左右小轉) 궁중무용의 춤사위 중 하나. 좌우로 각각 반씩 도는 동작이다.

좌정수(左呈手) 조선시대 향악정재(鄕樂呈才) 중 하나인 〈향령무(響鈴舞)〉의 춤사위. 오른팔을 활 무양으로 이마 쪽으로 구부리고, 왼팔은 수평이 되게 한 다음 장단에 맞춰 방울을 흔든다.

좌타장(左打場) 조선시대 향악정재(鄕樂呈才) 중 하나인 〈향령무(響鈴舞)〉의 춤사위. 합선(合蟬) 자세에서 왼손을 떨어뜨린 뒤, 두 손으로 계락(界樂) 장단에 맞춰 방울을 흔든다.

좌협무(左挾舞) 주연자(主演者) 왼쪽에서 함께 춤을 추는 사람, 또는 그런 행위를 일컫는다.

주유희(侏儒戲) '난쟁이춤' 참조. 양반들의 차별에 시달리던 상민이나 천민들이 왜소증 장애가 있는 사람을 흉내내며 추었던 춤이다. 이것은 장애에 대한 조롱이 아니라 양반들의 위선을 풍자하며 울분을 토로하는 수단이었다.

죽간자(竹竿子) 궁중무용을 할 때 사용하는 무구(舞具)를 가리킨다. 붉은 칠을 한 길이 2~3미터 정도 되는 나무자루 위에 가는 대 100개를 꽂고 붉은 실로 엮은 다음 금박한 종이에 수정 구슬을 달아 장식했다. '희죽(戲竹)'이라고도 한다.

죽산국제예술제(Juksan Int'l Arts Festival) 1995년부터 시작되어, 경기도 안성시에서 해마다 열리고 있는 예술 축제이다. 현대무용가 홍신자와 그녀가 운영하는 웃는돌무용단이 예술을 통한 자연과 인간의 만남을 주제로 개최하는데, 무용을 중심으로 한 국내외 전위예술가들이 두루 참여하여 야외에서 다양한 공연과 전시 활동 등을 펼친다.

중무(中舞) 〈연백복지무(演百福之舞)〉, 〈최화무(催花舞)〉 등의 주연자를 말한다. 여악(女樂)의 선모(仙母), 또는 왕모(王母)와 같다.

중요무형문화재(重要無形文化財) 국가에서 문화재보호법에 따라 예술적 · 역사적 · 학술적으로 중요한 가치가 있다고 판단해 보호 대상으로 지정한 무형의 문화재를 일컫는다. 그 대상은 무용, 연극, 음악, 공예 기술, 놀이 등이며 지방자치단체인 시 · 도에서 지정한 무형문화재와 구별된다. 몇 가지 중요무형문화재를 예로 들면 '제1호 〈종묘제례악(宗廟祭禮樂)〉', '제2호 〈양주별산대놀이(楊洲別山臺~)〉', '제8호 〈강강술래〉', '제11호 〈농악(農樂)〉', '제17호 〈봉산탈춤(鳳山~)〉', '제50호 〈영산재(靈山齋)〉' 등이다.

중요무형문화재보유자(重要無形文化財保有者) 예술적 · 역사적 · 학술적으로 중요한 가치가 있다고 판단해 보호 대상으로 지정한 중요무형문화재를 원형대로 정확히 수련해 보존하고 있다고 국가에서 인정한 사람을 말한다. 흔히 '인간문화재(人間文化財)'라고 일컫는다.

중풍쟁이춤 경상도 지방에서 백중놀이(百中~) 때 행해지던 병신춤의 하나. 중풍 환자의 부자연스러운 몸짓을 흉내내며 추었던 춤으로, 이것은 장애에 대한 조롱이 아니라 양반들의 위선을 풍자하며 울분을 토로하는 수단이었다.

즉흥무(卽興舞) 미리 계획하지 않고, 감흥에 사로잡혀 그 자리에서 바로 추는 춤을 말한다. 〈살풀이춤〉이 그런 예이다.

지귀(志鬼)의 꿈 1974년 임성남이 안무를 맡은 국립발레단 최초의 창작 발레 작품. 대본은 이두현, 음악은 이남수가 담당했다. '지귀 설화'에 바탕을 두었으며, 3막 5장으로 구성되었다.

지상동경(地上憧憬)의 춤 우리나라 춤을 정의하는 말 중 하나이다. 흔히 한민족은 자연 순응의 성격이 강하기 때문에 대지애착적(大地愛着的)인 춤을 추어왔다고 규정한다. 그와 대조되는 개념으로 서양 춤은 천상동경(天上憧憬)의 춤이라고 한다.

지서무(芝栖舞) 고구려 춤의 한 종류. 조용하고 섬세한 것이 특징이다. 일부 문헌에 따르면, 〈고구려무(高句麗舞)〉 등과 더불어 당나라 궁정에서도 연회되었다고 한다.

지신무(地神舞) 탈춤의 일종. 집터의 신을 의미하는 지신(地神)을 위하는 제사에서 이 춤을 춘다. 지신은 '터줏대감'으로 불리며, 다섯 방위를 지키는 다섯 신인 오방지신(五方地神)

중 다른 신들을 다스리는 중앙 신으로 여겨졌다.

직진도(直陣圖) 정대업지무(定大業之舞)의 무용 구도 중 하나로, 안쪽 줄에 서서 춤을 추는 사람들이 곡진(曲陣)에서 변하는 장면을 가리킨다. 동서남북에 푸른 옷, 흰 옷, 붉은 옷, 검은 옷을 입은 무원(舞員)들이 각각 7명씩 한 줄로 서서 직사각형을 만든 다음 그 안쪽에 네 방향마다 2명씩 황색 옷을 입은 무원을 배열한다.

진수방(陳壽芳) 1921년 출생, 1995년 사망. 한성준(韓成俊), 조택원(趙澤元) 등에게 배운 춤을 바탕으로 한국 발레의 토착화에 힘썼다. 1946년 조선무용예술협회가 결성되었을 때 발레부 위원으로 활동했고, 이후 1956년 한국무용가협회 회장을 역임했다.

진연의궤(進宴儀軌) 진연(進宴), 진찬(進饌), 진작(進爵) 수작(受爵) 같은 조선시대 궁중의 각종 잔치에 관한 의식을 적은 책이다. 현재 전하는 것은 숙종~고종 때 것인데, 여러 궁중무용의 대체적인 내용과 방법 등이 의상 형식 등과 함께 기록되어 있다.

진주검무(晋州劍舞) 원래 궁중무용이었던 검무가 각 지방 관아로 전해졌는데, 진주검무는 궁중에서 행해지던 무용 형태와 기능을 그대로 보존하고 있어 그 가치가 높다. 아울러 이 춤은 대개 4명으로 이루어지는 다른 검무와 달리 8명으로 연희되는 특징이 있으며, 춤사위와 반주 음악이 다양하다. 중요무형문화재 제12호이다.

진주포구락무(晋州抛毬樂舞) 〈포구락(抛毬樂)〉은 당악정재(唐樂呈才)에 속하는 궁중무용 중 하나로, 주로 기녀들이 두 편으로 나뉘어 포구문(抛毬門)에 공 넣기를 하면서 춤을 추었다. 〈진주포구락무〉는 그와 같은 〈포구락〉이 진주 지방에서 전승되고 있는 것인데, 화관과 죽간자가 없어지고 연회의 시작을 알리는 연주에 노래가 덧붙여진 점이 다르다.

집당무(執幢舞) 궁중무용에서 당(幢)을 들고 추는 춤 또는 그 춤을 추는 사람을 일컫는다. 당이란, 일종의 깃발을 말한다.

징깽맨이의 편지 1981년 김화숙(金和淑)이 시인 이형기의 시를 소재로 안무한 작품. 백병동이 음악을 담당했다. 제3회 대한민국무용제 참가작으로, 창조자로서 징을 만드는 장인의 고뇌와 그 노력의 숭고한 아름다움을 이야기했다.

ㅊ

찬기파랑가 1999년 안애순(安愛順)이 안무한 작품. 신라 향가 〈찬기파랑가〉를 춤으로 형상화한 것으로, 소리꾼과 거문고 연주자가 등장하며 대금 소리가 기파랑을 상징한다.

창무극(唱舞劇) 우리나라의 전통적인 창과 판소리, 춤, 재담 등을 엮은 일종의 연극을 말한다. 그 역사가 깊지는 않아 1978년에 처음 공연되었다. 공옥진(孔玉振)의 경우 1인 창무극의 선구자로 유명하다.

창무회(創舞會) 1976년 김매자(金梅子)가 설립한 무용단으로, '창작무용연구회'라는 의미를 담고 있다. 전통춤을 바탕으로 새로운 한국무용을 창작한다는 취지로 만들어졌다. 이것은 단순히 서양의 현대무용을 흉내내거나, 전통과 현대를 적당히 뒤섞는 것으로 그치지 않겠다는 의지의 표현이었다. 지금은 1992년 개관한 창무예술원의 산하 기관 중 하나이다.

창사(唱詞) 궁중무용을 출 때, 춤을 추는 사람이 부르는 노래를 말한다.

채구(彩毬) 궁중무용의 무구(舞具) 중 하나. 〈포구락(抛毬樂)〉 등에 쓰이는 나무로 만든 공이다. '용알(龍~)'이라고도 한다.

채선(彩船) 궁중무용의 무구(舞具) 중 하나. 향악정재(鄕樂呈才)인 〈선유락(船遊樂)〉에 쓰였던 배이다.

처용랑(處容郎) 1959년 김천흥(金千興)이 발표한 무용 작품. 처용의 설화를 극화한 것이다.

처용무(處容舞) 궁중무용 중 유일하게 사람 형상의 가면을 쓰고 추었던 춤이다. 파랑, 빨강, 노랑, 하양, 검정 옷을 입은 5명의 무용수가 다섯 방위로 벌려 서서 저마다 처용의 탈을 쓰고 춤을 춘다. 그 기원은 신라에 있으나 고려와 조선시대에 발달했으며, 남성이 추는 춤으로 장엄하고 신비로운 분위기를 띤다. 중요무형문화재 제39호. 2009년에는 유네스코 세계무형유산으로 지정되었다. '처용희(處容戲)'라고도 한다.

척(戚) 용(龍) 머리를 새긴 나무에 35센티미터 정도의 나무자루를 끼워 만든 무구(舞具). 문묘제례(文廟祭禮)의 일무(佾舞)에서 왼손에 방패인 간(干), 오른손에 도끼 모양의 척(戚)을 들었다. 장단에 맞추어 춤을 추다가 척으로 간을 딱 소리나게 내리친다.

척요(尺腰) 궁중무용에 관련된 용어. 허리를 숙여 무릎을 굽혔다 폈다 하며 춤을 춘다는 뜻이다. 조선시대 향악정재(鄕樂呈才) 중 하나인 〈향령무(響鈴舞)〉의 춤사위로, 6명이 품(品) 자 모양으로 서서 모두 허리를 숙여 두 발을 각각 두 번씩 떼어 옮긴다.

첨수무(尖袖舞) 조선시대에 발생된 춤으로, 소매가 좁은 옷을 입은 두 사람이 칼을 들고 추는 춤이다. 〈관악영산회상(管樂靈山會想)〉에 맞추어 주로 무동(舞童)들이 남성들을 위한 연회에서 추었다. 여기서 〈관악영산회상〉이란, 거문고나 가야금을 위주로 하는 현악영산회상을 향피리 등 관악기 중심으로 편성한 것을 말한다.

첩승무(疊勝舞) 조선시대의 향악정재(鄕樂呈才) 중 하나. 순조 때 만들어졌다. 6명의 무용수가 앞뒤에 1명씩, 그리고 좌우에 2명씩 갈라서서 창사(唱詞)를 부르며 춤을 춘다. 창사의 내용은 궁궐의 태평성대 한 모습을 칭송한 것이다. 〈첩승무〉가 실려 있는 무보(舞譜)로는 〈궁중정재무도홀기(宮中呈才舞蹈笏記)〉가 있다.

초무(初舞) 조선시대의 향악정재(鄕樂呈才) 중 하나. 하지만 독립된 정재라기보다는 춤을 시작한다는 서무(序舞) 구실을 한다. 이 춤에서 창사(唱詞)는 부르지 않으며, 반주 음악은 보허자령(步虛子令)이다.

최괄이 〈은율탈춤(殷栗~)〉에 등장하는 인물 중 하나. '취발이'라고도 한다.

최승희(崔承喜) 1911년 출생, 1969년 사망. 우리나라 최초로 서구식 현대적 기법의 춤을 창작하고 공연한 인물이다. 경성에서 태어나 숙명여학교를 졸업했고, 일본 현대무용가 이시이 바쿠(石井漠)의 무용 발표회를 관람한 것을 계기로 무용계에 입문하게 되었다. 이시이의 제자가 되어 일본에서 사사한 뒤 무용단의 일원이 되어 각지에서 공연을 펼쳤던 것이다. 그 후 그녀는 1929년 서울에 돌아와 최승희무용연구소를 설립했고, 잇따라 신작 발표회를 가졌다. 또한 이 시기 전통무용을 익혀 자신의 창작무용에 응용했다. 칼춤과 부채춤, 승무 등을 현대화하는 데 성공해 일약 조선 무용계의 대표적 인물로 떠오른 것이다. 나아가 이시이 바쿠의 문하에 재입문해 일본에서 공연한 〈에헤야 노아라〉가 대성황을 이루어 점차 국제적인 명성을 얻게 되었다. 1936년부터 4년간 세계무대로 진출해 유럽 여러 나라와 미국, 중남미 지역에까지 그 이름을 떨쳤던 것이다. 1938년 개최된 세계무용경연대회에서는 마리 비그만(Mary Wigman), 루돌프 폰 라반(Rudolf von Laban) 등과 함께 심사위원으로 위촉될 정도였다. 하지만 식민지 조국의 현실은 무용가인 그녀에게도 커다란 장애가 되었다. 일제의 강요로 일본군 위문공연을 하고 일본 전통무용을 소재로 삼아야 했는데, 그런 행위 때문에 광복 후 친일파라는 오명에 시달리게 되었다. 그러자 최승희는 20살이 갓 넘어 결혼한 남편 안막(安漠)과 함께 북한으로 가 1946년 평양에 자신의 이름을 내건 무용연구소를 설립하고 우리나라 전통무용의 체계화와 무용극 창작에 몰두했다. 그러나 1958년 남편 안막이 숙청되고 나서 무용가로서 그녀의 삶도 내리막길을 걸었다. 급기야 1967년에는 그녀 역시 숙청을 당한 것으로 알려져 있다. 현재 최승희는 사망 이유와 그 시기가 불분명하다. 북한에 있는 그녀의 묘비에는 1969년 8월 8일 사망한 것으로 기록되어 있다지만 이견이 없지 않다. 주요 작품으로 〈인도인의 비애〉, 〈초립동〉, 〈장구춤〉, 〈거친 들판에 가다〉, 〈승무〉, 〈칼춤〉, 〈반야월성곡〉, 〈춘향전〉, 〈유격대의 아들〉, 〈조선의 어머니〉 등이 있다. '동양의 무희'라는 애칭으로 불릴 만큼 세계적인 찬사를 받았던 그녀는 무용 이론 연구에도 매진해 〈조선민족무용기본〉, 〈조선아동무용기본〉 같은 책을 펴내기도 했다.

최청자(崔淸子) 1945년 출생. 전라남도 목포 출신의 현대무용가이다. 수도여자사범대학과 단국대학교 대학원에서 공부한 뒤, 영국 골드스미스 라반센터 대학원에서 수학했다. 1978년부터 2001년까지 세종대학교 무용과 교수로 재직했으며, 최청자무용단을 창단하고 한국현대무용협회 회장을 역임하는 등 우리나라의 무용 발전에 많은 공헌을 했다. 주요 출연작으로 〈나비〉, 〈고려의 아침〉 등이 있고 〈포인트〉, 〈갈증〉, 〈지붕 위의 바이올린〉, 〈버들피리〉, 〈겨울이야기〉 등을 안무했다.

최태지(崔泰枝) 1959년 출생. 일본 교토에서 태어나 가이타니발레학교, 프랑스 프랑게티발레학교, 미국 조프리발레학교 등에서 발레를 전공했다. 그 후 가이타니발레단에서 수석무용수로 활동한 것을 비롯해 국립발레단 단장 및 예술감독, 국립발레단 대표, 정동극장 극장장 등을 역임했다. 아울러 한국인 최초로 로잔국제발레콩쿠르와 모스크바국제발레콩쿠르 심사위원에 위촉되기도 했다. 주요 출연작으로 〈돈키호테〉, 〈지젤〉, 〈노트르담의 꼽추〉, 〈레퀴엠〉, 〈왕자호동〉 등이 있고 〈판타지 발레 바리〉, 〈호두까기 인형〉, 〈해적〉 등을 안무했다. 〈즐거워라 발레〉 등의 책을 펴내기도 했다.

최화무(催花舞) 조선시대 당악정재(唐樂呈才) 중 하나. 순조 때 도입되었다. 죽간자(竹竿子) 2명, 주연자(主演者)인 중무(中舞) 1명, 협무(挾舞) 4명으로 구성되며 봄꽃을 찬미하는 내용을 담고 있다. 〈궁중정재무도홀기(宮中呈才舞蹈笏記)〉에 무보(舞譜)가 실려 있다.

최현(崔賢) 1929년 출생, 2002년 사망. 부산 출신의 무용수 겸 안무가이다. 김해랑에게 전통무용을, 박용호에게 현대무용을 사사했다. 또한 한영숙에게 〈태평무〉, 〈승무〉, 〈살풀이춤〉을 배웠으며 김천흥을 만나 〈처용무〉를 익혔다. 그 후 무용수로서 활발한 활동을 펼쳐 임성남의 〈사신의 독백〉, 송범의 〈배신〉 등에 출연했다. 조택원의 〈신로심불로〉는 특별히 그를 위해 안무한 작품으로 알려져 있다. 아울러 그는 안무에도 적극 참여해 〈비상〉, 〈군자무〉, 〈새불〉, 〈아리랑〉, 〈심청전〉, 〈춘향전〉 등을 발표해 호평 받았으며 러시아 등 외국에서 공연을 펼치기도 했다. 또한 최현은 고등학교와 대학에서 많은 제자들을 양성했고, 국립무용단 단장을 역임했다.

추비(推臂) 정대업지무(定大業之舞)의 춤사위 중 하나. 팔을 비스듬히 위로 곧게 뻗은 자세이다.

춘광호(春光好) 조선시대 향악정재(鄉樂呈才) 중 하나. 순조 때 창작되었다. 6명의 무용수가 남북에 각각 2명, 동서에 각각 1명씩 늘어서서 춤을 춘다. 춤사위가 화사한 분위기를 자아낸다. 반주 음악은 〈풍경지곡(豊慶之曲)〉이다. 무도(舞圖)는 있으나 무보(舞譜)는 전해지지 않고 있다.

춘대옥촉0 조선시대 향악정재(鄉樂呈才) 중 하나. 순조 때 창작되었다. 원무(元舞) 4명에 집당무(執幢舞) 2명으로 구성되며, 윤대(輪臺)를 중심으로 서서 춤을 춘다.

춘앵전(春鶯囀) 조선시대 향악정재(鄉樂呈才) 중 하나. 순조 때 효명세자가 어머니인 순종 숙황후의 40세 생일을 축하하기 위해 만든 것으로, 이른 봄날 아침 버들가지에서 지저귀는 꾀꼬리의 자태를 무용화했다. 무동(舞童)이나 여기(女妓) 혼자서 추는 독무(獨舞)인데, 단아하고 여성적인 분위기 때문에 주로 여기의 춤으로 알려져 있다.

춤 1976년 3월 무용평론가 조동화(趙東華)가 창간한 잡지. 무용인들의 지위 향상과 정보 교류를 비롯해 무용의 학문적 발전을 도모해왔다. 2011년 8월 현재 통권 426호가 발행되었다.

춤을 일컫는 용어 조선 후기에서 대한제국 때까지, 춤을 지칭하는 용어에는 적지 않은 변화가 있었다. 우선 1890년대 말에는 가무(歌舞)라고 했고, 1905년에는 도무(蹈舞), 1909년에는 무도(舞蹈), 1920년 무렵부터는 무용(舞踊)이라는 용어가 쓰였다

춤사위 한국 민속무용에서 춤의 기본이 되는 낱낱의 동작을 말한다. 한국무용에는 춤사위가 일정하게 고정된 춤이 있고, 기본 틀만 정해진 채 상황에 따라 달라지는 춤이 있다. 한편 궁중무용의 춤사위는 대개 한자로 기록되어 전하지만, 민속무용의 춤사위는 오랜 세월 구전되어오다가 1970년대에 이르러 기록되기 시작했다.

취발이 탈춤에 등장하는 주요 인물 중 하나. 탈춤의 종류에 따라 가면과 복장은 다르지만, 대개 노장(老長)과 소무(小巫)가 어울리는 장면에 나타나 소무를 빼앗는 노총각 역할을 한다. '최괄이'라고도 한다.

취풍형무(醉豐亨舞) 〈치화평무(致和平舞)〉 다음 장면의 춤이다. 8명의 무기(舞妓)가 북쪽을 향해 늘어서서 주악과 박(拍)에 맞춰 〈용비어천가(龍飛御天歌)〉를 부른다.

치어(致語) 나라에 경사스런 일이 있을 때 임금에게 올리던 송덕(頌德)의 글을 말한다. 또는 궁중음악에서 악인(樂人)이 풍악에 맞춰 올리는 찬양의 말을 일컫는다. '치사(致詞)'라고도 한다.

치화평무(致和平舞) 조선 세종 때 정재(呈才)에서 추었던 춤. 〈용비어천가(龍飛御天歌)〉를 연주하기 위해 작곡한 〈치화평(致和平)〉 곡조에 맞춰 추었다. 무기(舞妓) 8명이 동서는 세로로, 남북은 가로로 두 사람씩 벌려 서서 춤을 진행했다.

침향춘(沈香春) 조선시대 향악정재(鄕樂呈才) 중 하나. 순조 때 창작되었으며, 봄의 향기를 만끽하는 내용을 담고 있다. 무원(舞員)들이 모란 꽃병을 가운데 두고 노닐다가 그 중 꽃 한 가지를 꺾어 들고 춤을 추는 대무(對舞)이다.

ㅋ

칼춤 '검무(劍舞)', '황창랑무(黃昌郎舞)' 참조. 신라 민간에서 가면무로 행해지다가 조선시대에 궁중무용으로 채택되었다. 2명 또는 4명의 여기(女妓)가 전립(戰笠)과 전복(戰服)을 착용한 뒤 양손에 칼을 하나씩 들고 춤을 추었다. 처음에는 일부 잔인하고 살벌한 모습을 띠었으나, 오랜 시간 동안 역사를 이어오면서 그런 면이 사라져 아름답고 유연한 동작으로 바뀌었다.

ㅌ

타고 남은 재 1977년 배정혜(裵丁慧)가 발표한 조곡(組曲) 형태의 무용 작품. 한국 창작무용의 새 장을 열었다는 평가를 받는 작품으로, 단순히 전통무용을 개량하는 차원을 넘어 새로운 춤사위의 미학을 개척했다. 여기서 조곡(組曲)이란, 몇 개의 소곡이나 악장을 조합하여 하나의 곡으로 구성한 복합 형식의 기악곡을 말한다.

타원앙장(打鴛鴦場) '원앙새가 뛰어노는 것처럼 춤을 춘다'는 뜻. 앞으로 세 걸음 나간 다음 합장단(合~)에 따라 두 팔을 뒤로 뿌리는 춤사위이다. 합장단이란, 장구의 북편과 채편을 한꺼번에 치는 장단을 일컫는다. 〈춘앵전(春鶯囀)〉에서 볼 수 있다. '탑수(塔袖)', '낙수(落袖)'라고도 한다.

탁무(鐸舞) 우리나라 전통무용에서, 목탁을 갖고 추는 춤을 일컫는다.

탈춤 얼굴에 탈을 쓰고 추는 한국의 전통 춤. 즉 가면무(假面

舞)이며, '탈놀이'라고도 한다. 신라시대에 시작되어 고려와 조선을 거치면서 민중의 한과 해학을 담아내는 특유의 민속무용으로 발전했다. 〈산대놀이탈춤〉과 〈봉산탈춤〉, 〈양주별산대놀이〉, 〈동래들놀음〉, 〈은율탈춤〉, 〈오광대탈춤〉, 〈하회별신굿탈놀이〉, 〈강령탈춤〉 등이 대표적이다.

탑수(塔袖) 앞으로 세 걸음 나간 다음 합장단(合~)에 따라 두 팔을 뒤로 뿌리는 춤사위를 말한다. 합장단이란, 장구의 북편과 채편을 한꺼번에 치는 장단을 일컫는다. 〈춘앵전(春鶯囀)〉에서 볼 수 있다. '타원앙장(打鴛鴦場)', '낙수(落袖)'라고도 한다.

탑탑고(塔塔高) 조선시대 향악정재(鄕樂呈才) 중 하나인 〈춘앵전(春鶯囀)〉에서 앞으로 세 걸음 나가는 춤사위를 일컫는다. 이 때 높은 곳으로 올라가듯이 발걸음을 옮긴다.

태평무(太平舞) 20세기 초 한성준이 창작한 춤. 나라의 태평성대와 왕실의 번영을 기원하기 위해 왕이나 왕비가 직접 춤을 춘다는 내용을 담고 있다. 복잡한 장단을 경쾌하게 가로지르는 빠른 걸음과 기교적인 발놀림이 돋보이는 창작 무용이다.

통덕진출진무(通德鎭出陳舞) 고려시대에 시작된 민속무용. 출전무(出戰舞)의 하나로, 적을 물리치려는 의지를 다지고 단결을 강화하기 위해 추었던 춤이다.

통영북춤(統營~) 승전무(勝戰舞) 참조. 무고(舞鼓)처럼 북을 중앙에 두고 원무(元舞) 4명이 동서남북으로 나뉘어 북을 울리며 가무(歌舞)를 한다. 그리고 원무를 에워싼 협무(挾舞) 12명이 그 둘레를 돌며 창을 한다. 중요무형문화재 제21호로 지정되어 있다.

통영오광대(統營五廣大) 경상남도 통영시에서 정월대보름 무렵 행하는 탈놀이. 여느 탈춤과 달리 다섯마당으로 구성되어 있다. 중요무형문화재 제6호로 지정되었다.

티벳의 하늘 1998년 국수호(鞠守鎬)가 발표한 작품. 동양적 세계관을 극적으로 표현했는데, 신비롭고 이국적인 분위기 속에 다양한 볼거리를 갖추었다.

ㅍ

파란 옷을 입은 원숭이 1996년 홍승엽(洪承燁)이 안무한 작품. 동화의 세계를 동경하는 어른들의 무용 콩트로, 원숭이들의 즐거운 유희와 팝송 〈빗속에서 노래를(Sing in the Rain)〉에 맞춰 춤을 추는 무용수의 움직임이 관객들의 시선을 끌었다. 홍승엽은 이 작품으로 그 해 서울무용제에서 안무상을 받았다.

파초선무(芭蕉扇舞) 파초선(芭蕉扇)을 들고 추는 춤을 말한다. 파초선이란, 파초 모양의 부채라는 뜻. 구체적인 춤의 내용은 전하지 않으나, 고려시대에 성행했던 것으로 짐작된다.

팔먹중(八~) 〈봉산탈춤(鳳山~)〉이나 〈양주별산대놀이(楊洲別山臺~)〉 등에 나오는 8명의 중을 일컫는다. '팔목중(八目~)'이라고도 한다.

팔먹중춤(八~) 〈봉산탈춤(鳳山~)〉이나 〈양주별산대놀이(楊洲別山臺~)〉 등에서 먹장삼을 입은 사람 8명이 나와서 추는 춤을 말한다. 먹장삼이란, 검은 물을 들인 승려의 웃옷을 가리킨다. 〈봉산탈춤〉의 경우 둘째마당에 등장하며 첫째거리 '목중춤'과 둘째거리 '법고놀이'로 나누어 춤을 춘다. '팔목중춤(八目~)'이라고도 한다.

팔목중(八目~) 〈봉산탈춤〉이나 〈양주별산대놀이〉 등에 나오는 8명의 중을 일컫는다. '팔먹중(八~)'이라고도 한다.

팔목중춤(八目~) 〈봉산탈춤〉이나 〈양주별산대놀이〉 등에서 먹장삼을 입은 사람 8명이 나와서 추는 춤을 말한다. 먹장삼이란, 검은 물을 들인 승려의 웃옷을 가리킨다. 〈봉산탈춤〉의 경우 둘째마당에 등장하며 첫째거리 '목중춤'과 둘째거리 '법고놀이'로 나누어 춤을 춘다. '팔먹중춤(八~)'이라고도 한다.

팔수이무(八手而舞) 궁중무용에 관련된 용어. 팔(八) 자 모양으로 팔을 휘두르며 춤을 추는 것을 말한다. 무구(舞具)를 잡기 전에 이 동작을 취하기도 한다. 〈사선무(四仙舞)〉, 〈무애무(無㝵舞)〉 등에서 볼 수 있다.

포구락(抛毬樂) 당악정재(唐樂呈才)에 속하는 궁중무용 중 하나. 중국 송나라에서 전해져온 여성들의 군무(群舞)로, 주로 기녀들이 두 편으로 나뉘어 포구문(抛毬門)에 공 넣기를 하면서 춤을 추었다. 고려 문종 때 시작된 것으로 알려져 있다.

포엠(poem) 1935년 조택원(趙澤元)이 발표한 무용 작품. 이 작품은 1937년 프랑스 파리에서도 공연돼 세계적 안무가 세르주 리파르(Serge Lifar)와 조택원 사이에 논쟁을 불러일으켰다. 또한 리파르는 조택원의 〈승무의 인상〉을 보고 극찬했던 것으로 알려져 있다.

풀음새 한국 전통무용에서, 한번 맺은 동작을 천천히 푸는 춤사위를 말한다.

풍류지(風流枝) 궁중무용에 관련된 용어. 척요(尺腰)와 비슷한 의미로, 두 손을 모으고 허리를 숙여 무릎을 굽혔다 폈다 하면서 춤을 추는 춤사위이다. 〈춘앵전(春鶯囀)〉에서 볼 수 있다.

풍물놀이(風物~) 주로 농부들 사이에서 행해지던 우리나라 고유의 민속 문화이다. 북, 장구, 꽹과리, 징, 나발, 태평소 따위를 치거나 불면서 춤추고 노래한다.

풍물재비(風物~) 풍물놀이 등에서, 풍물을 지니고 그것을 불거나 치는 사람을 말한다.

ㅎ

하견(下肩) 보태평지무(保太平之舞)의 춤사위 중 하나. 두 팔을 일직선이 되게 좌우로 벌린다.

하공진놀이(河拱辰~) 고려시대의 공신 하공진(河拱辰)을 소재로 한 놀이. 연극적 성격을 띤 일종의 조희(調戲)이다. 조희란, 고려시대에 생겨난 풍자적 즉흥극을 일컫는다. 하공진은 거란이 고려를 침범했을 때 공을 세우고 끝까지 충절을 지키다가 목숨을 잃었다.

하성명(賀聖明) 조선 세종 때 만들어진 당악정재(唐樂呈才)이다. 이 춤의 구성은 무원(舞員) 12명과 더불어 죽간자(竹竿子) 2명, 족자(簇子) 1명, 개(蓋) 4명, 인인장(引人仗) 2명, 정절(旌節) 8명, 용선(龍扇) 2명, 봉선(鳳扇) 2명, 작선(雀扇) 2명, 미선(尾扇) 2명으로 이루어진다. 또한 하성명은 1419년 세종 원년에 변계량이 지은 악장(樂章)을 일컫기도 한다. 이것이 곧 무악화(舞樂化)되었다.

하성조(賀聖朝) 고려시대부터 조선 초까지 당악정재(唐樂呈才)에 사용되었던 반주 음악을 말한다.

하신열무(下辛熱舞) 신라 가무(歌舞)의 하나. 〈삼국사기〉에 따르면, 689년 신문왕 9년에 기원한 것으로 알려져 있다. 감(監) 4명, 가야금 1명, 노래 3명, 춤 2명으로 구성되었다. 여기서 감(監)은 가야금재비, 노래재비, 춤재비들과 어울려 어떤 역할을 했을 것으로 생각되나 그것이 무엇인지는 명확하지 않다. 아울러 〈상신열무(上辛熱舞)〉와 관계가 있을 것으로 추측되지만 그 또한 분명하지 않다.

하회별신굿탈놀이(河回別神~) 경상북도 안동시 풍천면 하회동에 전승되어온 탈놀이. 모두 12마당으로 구성되어 있다. 별신굿을 할 때 연희되었는데, 수년에 한 번씩 특별한 제의로 실시되는 비정기적 굿을 별신굿이라고 한다. 중요무형문화재 제69호이다.

학 1941년 조택원이 발표한 작품. 그는 이 작품에 발레 형식을 가미했으며, 서사시적 구도의 무용극을 최초로 시도했다. 그의 무용은 동양적 멋과 가냘픈 선의 여성적 부드러움을 함께 갖추었다는 평가를 받았다.

학무(鶴舞) 고려시대부터 전하는 향악정재(鄕樂呈才)의 하나. 청학(青鶴)과 백학(白鶴), 또는 청학(青鶴)과 황학(黃鶴),

또는 한 쌍의 백학(白鶴) 탈을 쓰고 학의 온갖 짓을 흉내내며 추는 춤이다. 고귀하고 아름다우며 운치 있는 분위기를 띤다. 무용 음악은 보허자령(步虛子令) 한 곡에 맞추어 추다가 고종 무렵 향당교주(鄕唐交奏)로 바뀌었다.

학연화대합설무(鶴蓮花臺合設舞) 학무(鶴舞)와 연화대(蓮花臺)가 하나의 작품으로 구성된 일종의 궁중무용. 고종 이후 단절되었다가, 1935년 발표된 한성준의 창작 학무로 그 명맥이 이어져오고 있다. 중요무형문화재 제40호이다.

학연화대처용무합설(鶴蓮花臺處容舞合設) 향악정재(鄕樂呈才) 중 하나. 〈학무(鶴舞)〉, 〈연화대무(蓮花臺舞)〉, 〈처용무(處容舞)〉의 세 가지를 종합 연출한 춤이다. 〈악학궤범(樂學軌範)〉에 전한다.

한국무용가협회 1956년 진수방(陳壽芳)을 회장으로 위촉하여 결성된 단체. '한국무용예술인협회'와 별도로 운영되다가, 1961년 5·16군사정변 이후 문화예술계의 전면적인 개편에 따라 '한국무용협회'로 통합되었다.

한국무용아카데미 1982년 문일지(文一枝) 문하의 50여 무용가들이 모여 만든 모임. 곧 정기공연을 펼치는 무용단으로 발전해, 한국 창작무용의 개발과 실험이라는 창립 취지를 실현했다.

한국무용예술인협회 1954년 김해랑(金海郞)을 회장으로 위촉하여 결성된 단체. '한국무용가협회'와 별도로 운영되다가, 1961년 5 · 16군사정변 이후 문화예술계의 전면적인 개편에 따라 '한국무용협회'로 통합되었다.

한국무용협회(Dance Association of Korea) 1946년 '조선무용예술협회'로 설립된 무용 단체. 그 뒤 '한국무용예술인협회'와 '한국무용가협회', 2개의 단체로 운영되다가 5 · 16군사정변 이후 하나로 통합되었다. 즉 1961년 지금의 명칭이 되어 무용예술의 발전과 무용 문화 교류, 무용가의 권익 신장 등을 도모하고 있는 것이다. 한국무용협회는 처음에 한국무용 전문가들이 중심이 되었지만, 점차 발레와 현대무용 전문가들도 폭넓은 참여를 하고 있다. 1979년부터 한국문화예술진흥원과 공동으로 '대한민국무용제'를 개최했으며, 1990년부터는 '서울무용제', 1995년부터 다시 '서울국제무용제'라고 이름을 바꾸어 독자적으로 주관하고 있다.

한국발레협회(The Korea Ballet Association) 한국 발레 예술의 발전과 대중화, 국제화를 목적으로 1980년 설립된 단체이다. 1981년부터 계속되어온 서울발레콩쿠르 및 발레 페스티벌 등을 개최하고 있다. 임성남이 초대 회장을 역임한 이래, 2011년 현재 제5대 박인자 회장에 이르고 있다.

한국 전통춤에서 눈의 기본자세 우리나라 전통춤에서 무용수는 대개 정면을 응시하거나 땅을 바라본다. 이따금 머리를 위로 젖히는 춤동작이 있지만, 그 경우에도 대부분 시선은 위를 보지 않고 앞이나 옆 또는 밑으로 향한다.

한국 전통춤에서 발의 기본자세 우리나라 전통춤에서는 발을 팔(八)자로 벌려 서 있는 자세가 많다. 이 때 한쪽 발은 바깥으로 약간 벌리고, 다른 한쪽 발은 뒤꿈치를 그 발 중간쯤에 갖다댄 채 발끝을 약간 바깥쪽으로 향하게 하는 자세를 취한다.

한국 전통춤에서 손의 기본자세 우리나라 전통춤에서는 발동작보다 손동작이 강조된다. 그러한 손동작의 근원은 배꼽 밑 단전이다. 우선 무릎을 약간 굽히면서 양손을 단전에 모아 숨을 들이마시며 배꼽 위로 끌어올린다. 그 다음 호흡 작용으로 기의 흐름이 몸 전체로 퍼지면서 어깨에 전달될 때 차분히 숨을 뱉으며 손을 옆으로 편다. 이것이 전통춤에서 볼 수 있는 다양한 손동작의 기본이다.

한국 전통춤의 복장 우리나라의 전통무용 복장은 무용수의 신체를 철저히 감춘다. 대부분 얼굴과 손이 보이는 정도이며, 어느 경우에는 고깔 같은 모자를 쓰기도 한다. 우리나라 전통춤의 옷 색깔은 흰색이 기본 바탕이고 음양오행(陰陽五行) 사상에서 비롯된 오색(五色) 옷차림을 하는 경우가 있다. 특히 여성의 옷은 화사한 색상에 우아한 아름다움이 강조되며 유려한 선(線)으로 특별한 성취를 느끼게 한다.

남성의 선비 복장도 신비감을 자아내며, 직업과 신분에 따라 다양한 종류의 복장으로 구분된다.

한국 최초의 '발레' 공연 1925년 배구자(裵龜子)의 무용 발표회에서 한국 최초로 '발레'라는 타이틀이 사용되었다. 그녀는 이 공연을 통해 미하일 포킨(Michel Fokine)이 안무한 안나 파블로바(Anna Pavlova)의 대표작 〈빈사의 백조(La Mort du Cygne)〉를 소개한 것으로 알려져 있다.

한국 최초의 직업 발레단 우리나라 최초의 직업 발레단은 광복 직후 출현했다. 일본에 유학해 가마쿠라발레연구소에서 발레를 배운 한동인(韓東人)이 1946년 만든 '서울발레단'이 그것이다. 한국인으로 구성된 이 발레단은 〈공기의 정(精)〉을 창단 작품으로 공연했다. 이후 매년 정기공연을 펼쳤지만, 1950년 한국전쟁으로 해체되었다.

한국컨템포러리무용단 1975년 육완순(陸完順)이 이화여대 출신 무용가들을 중심으로 발족한 무용단. 이전과 달리 마사 그레이엄(Martha Graham)의 춤에서 영향을 받았으며, 우리나라 현대무용단의 효시로 인정받는다. 한국컨템포러리무용단이 창단된 이후 1980년대에는 여러 현대무용단이 조직되어 한국 현대무용의 기반을 다졌다. 또한 이들의 활동을 바탕으로 우리나라에서 현대무용이 확고한 무용의 한 장르로 자리 잡았다.

한기무(韓岐舞) 신라 춤의 하나. 〈삼국사기〉에 따르면, 689년 신문왕 9년에 기원한 것으로 알려져 있다. 노래 없이 감(監) 3명, 가야금 1명, 춤 2명으로 구성되었다. 당시 춤의 내용은 전해지지 않고 있다. 여기서 감(監)은 가야금재비, 춤재비들과 어울려 어떤 역할을 했을 것으로 생각되나 그것이 무엇인지는 명확하지 않다.

한량무(閑良舞) 조선시대 민속무용 중 하나. 무용극 형태의 춤으로, 그 내용은 과거시험에 낙방한 한량을 비롯해 별감과 승려가 서로 기생을 꾀려고 하는 행태를 담고 있다. 진주를 중심으로 한 영남 지방에서 성행했다. 이것은 조선 후기에 생겨난 것으로 추정되는데, 순수한 민속무용이라기보다 교방계류의 무용극이라는 데 의의가 있다.

한삼(汗衫) 두루마기나 저고리 따위의 윗옷 소맷자락에 흰 헝겊으로 길게 덧댄 소매를 말한다. 전통무용에서 춤사위를 더욱 우아하고 아름답게 보이도록 하는 효과가 있다. 궁중에서는 저고리 안에 껴입는 속적삼을 일컫기도 했다.

한성준(韓成俊) 1874년 출생, 1942년 사망. 명고수이자 민속무용가이다. 일찍이 8살에 북채를 잡은 뒤 17살 무렵에는 명고수로 인정받아 오랫동안 여러 명창들과 함께했다. 또한 그는 무용에도 남다른 재능을 가져 전통 민속춤을 예술의 경지로 끌어올렸고 우리나라 신무용의 선구자가 되었다.

당시 놀이마당에서나 행해지던 민속춤을 무대예술로 승화시켰으며, 1930년 조선음악무용연구회를 조직해 전통무용의 대중화와 체계적인 발전에 공헌한 것이다. 최승희(崔承喜) 역시 그에게 전통무용을 배워 자신의 창작무용에 적용한 것으로 알려져 있다. 한성준은 특히 학춤에 뛰어났으며 승무, 태평무, 살풀이 등 전통무용을 일본 무대에 올려 호평을 받기도 했다.

한영숙(韓英淑) 1920년 출생, 1989년 사망. 충남 천안 출신의 무용가이다. 한성준(韓成俊)에게 사사해 〈태평무〉, 〈학춤〉, 〈승무〉, 〈살풀이춤〉 등을 익혔고 여러 국악기도 배웠다. 1937년 첫 번째 무용 발표회를 열어 이름을 알리기 시작했으며, 그 후에도 뛰어난 춤솜씨로 관객들로부터 큰 박수를 받았다. 1955년에는 서울에 한국민속예술학원을 개설해 무용 교사로 활동했고, 1960년대 들어 일본과 미국 등으로 공연을 다니면서 한국 전통무용의 아름다움을 해외에 알렸다. 특히 1988년 서울올림픽 폐막식에서는 〈살풀이춤〉을 공연해 세계인의 관심을 불러 모으기도 했다. 1969년 승무기예능보유자, 1971년 학춤기예능보유자로 지정되었다.

합선(合蟬) 조선시대 향악정재(鄕樂呈才) 중 하나인 〈향령무(響鈴舞)〉의 춤사위. 매미 날개 형태로 두 팔을 이마로 가

져간 뒤 손을 앞으로 꺾는 동작이다. 이 자세에서 향령을 잡고 흔들며 춤을 춘다.

합정수(合呈手) '팔을 모아들고 춤을 춘다'는 뜻. 조선시대 향악정재(鄕樂呈才) 중 하나인 〈향령무(響鈴舞)〉의 춤사위로, 양팔을 어깨와 수평이 되게 하고 장단에 맞춰 방울을 흔드는 동작이다.

항장무(項莊舞) 조선시대 향악정재(鄕樂呈才)의 하나. 고종 10년인 1873년 평안도 선천 지방에서 유행하던 잡극(雜劇)을 궁중무용으로 만들었다. 중국 진나라의 항우, 우미인, 범증, 진평, 패공 등의 인물이 등장한다.

해골병신춤 경상남도 밀양에서 백중놀이(百中~) 때 행해지던 병신춤. 양반들의 차별에 시달리던 상민이나 천민들이 얼굴을 해골 모양으로 꾸미고 추었던 춤이다. 이와 같은 병신춤은 양반들의 위선을 풍자하며 울분을 토로하는 수단이었다.

향당교주(鄕唐交奏) 조선 후기 궁중 정재의 반주 음악에 쓰이던 악곡. 〈삼현영산회상(三絃靈山會相)〉의 상영산(上靈山)을 정재 반주에 어울리게 변주한 것을 가리키는 명칭이다. 또한 향악기와 당악기가 혼합 편성되어 합주하는 것을 의미한다. 여기서 향악기는 가야금, 대금, 피리, 향비파, 현금 등을 말하며 당악기는 당비파, 당적, 방향, 퉁소 등을 일컫는다. 향당교주의 편성으로 연주된 악곡의 예로 〈정동방곡(靖東方曲)〉을 들 수 있다.

향령무(響鈴舞) 조선시대 향악정재(鄕樂呈才) 중 하나. 순조 때 만들어졌으며, 6명의 무용수가 품(品)자 모양으로 서서 저마다 손에 방울을 들고 장단에 맞추어 소리나게 흔들며 춤을 춘다. 이 춤의 무보(舞譜)와 창사(唱詞)는 〈정재무도홀기(呈才舞圖笏記)〉에 전한다.

향발무(響鈸舞) 조선 전기의 향악정재(鄕樂呈才). 모든 향악정재 중 가장 즐겨 연회되었던 것 중 하나로, 향발(響鈸)이라는 작은 타악기를 장단에 맞추어 치면서 추는 춤이다. 각종 문헌에 따르면 여기(女妓)의 춤과 무동(舞童)의 춤 두 가지가 있는데, 무원(舞員)의 수는 일정하지 않고 저마다 다르게 설명되어 있다. 〈악학궤범(樂學軌範)〉과 〈정재무도홀기(呈才舞圖笏記)〉에 무보(舞譜)가 전한다.

향악무(鄕樂舞) '향악정재(鄕樂呈才)' 참조. 향악에 맞추어 추는 궁중무용을 일컫는다.

향악정재(鄕樂呈才) 궁중 행사에 쓰이는 우리나라의 전통적인 음악과 무용을 말한다. 여기서 '향악(鄕樂)'은 우리나라 고유의 음악을 당악(唐樂)과 상대하여 일컫는 것이고, '정재(呈才)'는 궁궐 안에서 벌이던 춤과 노래를 말한다. 향악정재에는 〈가인전목단〉, 〈검무〉, 〈무고〉, 〈춘앵전〉, 〈학무〉,

〈항장무〉 등이 있다.

허용순(許用純) 1964년 출생. 인천 출신의 무용가이다. 국제무대 진출 1세대 무용가로, 선화예고 재학 중 모나코왕립발레학교로 유학을 떠나 졸업했다. 그 후 독일 프랑크푸르트발레단, 스위스 취리히발레단과 바젤발레단을 거쳐 독일 뒤셀도르프발레단 수석무용수 및 발레마스터로 활동하고 있다. 주요 출연작으로 〈스텝텍스트〉, 〈로미오와 줄리엣〉, 〈카르멘〉, 〈라노데〉, 〈솔로 펄루〉 등이 있고 〈그녀가 노래한다〉, 〈길이 만나는 곳〉, 〈디스 이즈 유어 라이프〉 등을 안무했다.

허튼춤 형식에 얽매이지 않고 자유롭게 추는 흐트러진 춤을 말한다. 여럿이 춤을 출 때도 조화와 규율보다 저마다의 흥과 멋을 중시한다. 입춤(立~)과 잡기춤으로 구분된다.

헌선도(獻仙桃) 고려시대 당악정재(唐樂呈才)에 속하는 궁중무용 중 하나. 고려시대의 역사를 기술한 〈고려사(高麗史)〉 가운데 음악에 관한 기록을 담은 악지(樂志)에 전한다. 왕모(王母)가 하늘에서 내려와 왕에게 선도(仙桃)를 준다는 내용으로 되어 있는데, 죽간자 두 사람과 5~6명의 무기(舞妓)가 주악에 맞춰 춤을 춘다. 그 의미는 임금의 만수무강을 기원하는 것이었다.

헌천화(獻天花) 조선 순조 때 창작된 향악정재(鄕樂呈才) 중 하

나. 선모(仙母) 1명, 협무(挾舞) 2명, 집당(執幢) 2명으로 구성되었다. 선모가 임금에게 천화(天花)를 드리며 축복하는 내용이다. 익종이 부왕을 즐겁게 하기 위해 만들었으며, 보허자령(步虛子令)과 향당교주(鄉唐交奏)가 반주 음악으로 쓰였다.

협률사(協律社) 1902년 서울 정동에 건립된 관립 극장. 우리나라에 만들어진 첫 번째 국립 극장이다. 국악 예술인들을 중심으로 창극(唱劇), 재담(才談), 줄타기 공연 등이 펼쳐졌다. 우리나라 최초로 무대와 객석을 확연하게 구분한 정면 액자 형태의 무대인 프로시니엄 스테이지(proscenium stage)였다. 또한 그 곳을 기반으로 활동한 예술인 단체를 일컫기도 한다.

협무(挾舞) 주연(主演) 옆에서 함께 춤을 추는 사람, 또는 그런 행위를 일컫는다. '좌협무(左挾舞)'라고 하면 주연자 좌측에서, '우협무(右挾舞)'라고 하면 주연자 우측에서 함께 춤을 추는 사람이나 그런 일을 의미한다.

호남살풀이춤(湖南~) 전라도 지방의 무악인 살풀이장단에 맞추어 추는 춤으로, 기방(妓房)에서 추어지던 일종의 수건춤이다. 전주에서 전승되었는데, 한의 정서가 짙게 깔렸으며 곡선적이고 섬세한 춤사위가 일품이다. 전라북도 무형문화재 제15호로 지정되었다.

호선무(胡旋舞) 고구려 춤의 하나. 커다란 공 위에 무녀(舞女)가 올라가, 이리저리 공을 굴리며 추던 춤이다. 활달하게 곡예 같은 기교를 보이는 것이 특징이다. 다른 이름으로 '답구희(踏毬戲)'라고도 한다.

홀기(笏記) 혼례나 제례 때 행해지는 의식의 순서를 적은 글을 말한다.

홍두깨춤 탈춤 등에서, 몸이 경직된 듯 뻣뻣이 서서 손을 위로 들어올리며 추는 춤사위를 말한다.

홍승엽(洪承燁) 1962년 출생. 대구 출신의 무용가이다. 경희대학교에서 섬유공학을 공부한 뒤, 동대학원에서 무용을 전공했다. 유니버설발레단 단원으로 활동했고, 댄스시어터 온을 창단했다. 그는 무용수 개개인의 개성을 존중하며 새롭고 다양한 움직임들을 창안하는 데 장점을 보이는 안무가로 평가받는다. 주요 안무 작품으로 〈김 노인의 꿈〉, 〈13 아해의 질주〉, 〈다섯 번째 배역〉, 〈데자뷔〉, 〈쉐도우 카페〉 등이 있다.

홍신자(洪信子) 1940년 출생. 충청남도 연기 출신의 현대무용가이다. 숙명여대에서 영문학을 전공한 뒤 진로를 바꾸어, 미국 뉴욕 콜롬비아대대학원에서 무용학 석사 학위를 취득했다. 알윈 니콜라이(Alwin Nikolais), 에릭 호킨스(Erick Hawkins), 메레디스 몽크(Meredith Monk) 등에게 사사했다. 그녀의 춤은 포스트모던 댄스의 특징을 지녀, 귀국 후 한국 무용계에 새로운 바람을 불러일으켰다. 1973년 서울에서 열린 '홍신자전위무용발표회'는 그러한 변화의 시작이었다. 1995년부터는 경기도 안성시 죽산에 거주하며 죽산국제춤페스티벌을 개최했다.

홍정희(洪禎禧) 1934년 출생, 1997년 사망. 전남 목포 출신의 무용수 겸 안무가이다. 초등학교 때부터 무용을 시작해 이화여자대학교 무용과를 졸업했다. 1958년 동대학원을 졸업해 최초의 석사 무용수가 되었고 경희대학교에서 박사 학위를 받았다. 1959년부터는 이화여자대학교에서 무용과 교수로 재직하며 후학을 양성했으며, 무용단 발레블랑(Ballet Blanc)을 창단했고, 한국발레연구회를 창립해 이사장을 역임했다. 오늘날 그녀는 한국 발레의 개척자 중 한 사람으로 평가받는데, 발레의 학문적인 이론 정립에도 선구자 역할을 한 것으로 인정받는다. 아울러 그녀는 공연과 안무 활동도 활발히 펼쳐 〈조용한 대답〉, 〈코리아 환상곡〉, 〈아가〉, 〈흔적〉, 〈신시〉, 〈장생도〉, 〈녹색의 불길〉 등을 발표했다.

화관(花冠) 아름답게 장식한 관(冠)으로 궁중무용 등에서 여령(女伶)이나 무동(舞童), 기녀(妓女)가 썼다. '겹족두리'라고도 한다.

화관무(花冠舞) 궁중무 복식에 화관을 쓴 무원(舞員)들이 긴 색한삼(色汗衫)을 공중에 흩뿌리며 흥겹게 추는 춤이다. 하지만 이 춤은 궁중무용이 아니고, 단지 화려한 의상을 빌려 귀태가 돋보이도록 창작된 신무용이다. 1947년 평양, 1954년에는 서울 시공관에서 개최된 김백봉무용발표회를 통해 이 춤이 공개되었다. 당시에는 〈고전형식(古典形式)〉으로 불리다가 1968년 이후 〈화관무〉라는 명칭이 일반화되었다. 〈영산회상〉 중 세령산, 도드리, 타령이 반주로 쓰인다.

화동춤(花童~) 궁중의 무동들이 민간에 나와 새롭게 만든 춤. 풍년을 자축하며 남녀노소가 함께했던 춤으로, 부채와 방울 등이 무구(舞具)로 쓰였다.

화장무(~舞) 오른쪽 다리를 앞으로 들며 두 팔을 펴들고, 이때 오른팔을 어깨 위로 올렸다가 팔다리를 내리면서 무릎을 굽히는 동작을 방향을 바꿔가며 한다. 〈송파산대놀이(松坡山臺~)〉 등에서 볼 수 있다.

화전태(花前態) 궁중무용의 춤사위 중 하나. 두 손을 뿌려 뒤에 내려 여민 다음 양 무릎을 굽히면서 오른발을 놓고, 왼발을 들었다가 놓는 동작이다.

환대이무(換隊而舞) 궁중무용에 관련된 용어. 서로 자리를 바꾸어 춤을 추는 것을 말한다. 이를테면 〈세수창(帝壽昌)〉

에서 후대(後隊)와 협무(挾舞)가 서로 자리를 바꾸어 선다. '환기대이무(換其隊而舞)', '환위(換位)', '환립(換立)'이라고도 한다.

환대이배무(換隊而背舞) 궁중무용에 관련된 용어. 서로 자리를 바꿔 등을 지고 서서 춤을 추는 것을 말한다. 〈수연장무(壽延長舞)〉, 〈첨수무(尖袖舞)〉 등에서 볼 수 있다.

활 1989년 강미리(康美利)가 안무한 작품. 강물과 바닷물의 이미지로 인간의 욕망 등 다채로운 감정을 그려냈으며, 춤의 시작과 끝을 비롯해 주요 지점마다 박(拍) 소리가 울려 퍼지게 했다. 강미리는 이 작품 이후 한 글자 제목으로 된 작품들을 꾸준히 발표했다.

활개춤 전국적으로 행해지는 허튼춤. 양 팔을 옆으로 편 뒤 어깨를 들썩거리거나, 한쪽 팔을 번갈아가며 어깨 위에 올렸다가 펴는 춤이다. 형식에 얽매이지 않고 즉흥적으로 추는 서민적인 춤으로, 지역과 사람에 따라 허튼춤을 일컫는 명칭이 다양하다.

활개펴기 두 팔을 펴고 고개를 양 옆으로 끄덕끄덕 돌리면서 세 걸음 나아갔다 물러서는 춤사위를 말한다. 〈탈춤〉에서 흔히 볼 수 있는 동작이다.

황개(黃蓋) 얇고 가벼운 노란색 비단을 이용해 양산처럼 만든 의장(儀仗). 원래는 높은 분의 행차 시 야외에서 햇빛을 가리는 것이 그 쓰임새였으나, 과(瓜) · 부(斧) · 정(旌) · 선(扇) 등과 함께 행차의 위엄을 돋보이게 하는 의장으로 용도가 바뀌었다. 홍개(紅蓋), 청개(靑蓋)도 있다.

황금가지 1986년 김현자(金賢慈)가 럭키창작무용단과 함께 발표한 작품. 욕망으로 인한 인간성의 상실을 다루었는데, 한복을 벗어던진 무용수들이 발레나 현대무용과 잘 구별되지 않는 한국무용의 춤사위를 보여주었다. 이후 창작된 많은 한국무용 작품들이 현대적인 서양의 무용과 여러모로 비슷한 면을 보이게 되었다.

황새춤 경상도 남성들의 춤에서 볼 수 있는 허튼춤. 마치 황새처럼 양손을 벌리고 손목의 힘을 빼 흔들거리며 춤을 춘다. 굿거리장단 같은 느린 가락에 맞추어 추는 춤인데, 흥을 돋우기 위해 추임새를 넣기도 한다. 이와 같은 허튼춤은 형식에 얽매이지 않고 자유롭게 추는 서민적인 춤으로, 지역과 사람에 따라 허튼춤을 일컫는 명칭이 다양하다.

황조가무(黃鳥歌舞) 고구려 유리왕이 지은 한시 〈황조가(黃鳥歌)〉를 무용화한 것이다. 유리왕은 화희와 치희를 후실로 두었는데, 어느 날 두 여인이 다툼을 벌여 치희가 중국으로 달아나버렸다. 그러자 유리왕이 치희를 찾아다녔지만 실패하고, 마침 정답게 노니는 꾀꼬리 한 쌍을 보고 〈황조가〉를 지었다고 한다.

황창랑무(黃昌郎舞) '검무(劍舞)'를 일컫는 다른 명칭. 황창랑은 신라 소년의 이름인데, 백제로 가 칼춤으로 유명해졌다고 한다. 2명 또는 4명의 여기(女妓)가 전립(戰笠)과 전복(戰服)을 착용한 뒤 양손에 칼을 하나씩 들고 추었던 궁중무용이다.

홰 1984년 김현자(金賢慈)가 정재만(鄭在晩)과 공동 안무한 작품. 그 해 서울무용제에서 대상을 수상했다. 이 작품은 남녀 사이의 갈등을 수탉과 암탉의 다툼에 빗대어 표현했다.

회두(回頭) 한쪽 팔씩 들어올리며, 그 방향을 돌아다보는 춤사위이다. 〈춘앵전(春鶯囀)〉에서 볼 수 있는데, 오른손을 안으로 돌려 사선 앞으로 뿌리며 오른쪽으로 시선을 준다.

회무(回舞) 정재(呈才)의 출연자 전원이 원형을 지으며 추는 춤을 말한다. '회선무(回旋舞)'라고도 한다. 〈수연장무(壽延長舞)〉, 〈선유락(船遊樂)〉 등에서 볼 수 있다.

회선(回旋) 궁중무용에 관련된 용어. 둥글게 돌면서 춤을 추는 동작을 말한다. '회전(回轉)'보다 도는 규모가 크다.

회선무(回旋舞) 가인전목단(佳人剪牧丹) 등에서, 출연자 전원이 빙빙 돌면서 추는 춤을 말한다. '회무(回舞)'라고도 한다.

회소가무(會蘇歌舞) 신라 유리왕 시절의 가배(嘉俳) 때, '〈회소곡(會蘇曲)〉'을 부르며 추었던 춤이다. 당시 가배라고 해서 한가위를 앞두고 여성들을 두 편으로 갈라 길쌈놀이를 했는데, 여기서 패한 쪽이 탄식하며 이 춤을 추었다. 따라서 〈회소곡〉이란 것이 처량하기는 했지만, 춤사위는 매우 부드럽고 자연스러웠다.

회란(廻鸞) '회파신(廻波身)'과 같은 뜻. 양팔을 옆으로 펴고 좌우로 한 번씩 크게 도는 춤사위이다. 〈춘앵전(春鶯囀)〉 등에서 볼 수 있다.

회파신(廻波身) 궁중무용에 관련된 용어로, 물결이 일듯이 몸을 빙글빙글 돌리며 춤을 춘다는 뜻. 양팔을 옆으로 펴고 좌우로 한 번씩 크게 도는 춤사위이다. 〈춘앵전(春鶯囀)〉 등에서 볼 수 있다. '회란(廻鸞)'이라고도 한다.

후대(後隊) '뒤쪽의 부대'라는 뜻. 즉 군무(群舞)에서 뒤에 서 있는 대열(隊列)을 의미한다.

후불(後拂) '후포수(後抛袖)'와 같은 뜻. 두 손을 어깨 위로 올려들어 뿌리고 뒤로 내리는 춤사위이다.

후포수(後抛袖) 궁중무용의 춤사위 중 하나. 두 손을 어깨 위로 올려들어 뿌리고 뒤로 내리는 동작이다. '후불(後拂)'이라고도 한다. 〈무산향(舞山香)〉, 〈춘앵전(春鶯囀)〉 등에서 볼 수 있다.

훈령무(訓令舞) 군대를 지휘하는 장군의 모습을 형상화한 전통춤. 1930년대 한국 무용을 집대성한 한성준(韓成俊)이 군대의 훈련 장면을 보고 창작했다. 남성 무용수들만의 춤으로, 역동적이고 강인한 분위기를 띤다.

희대(戱臺) 1900년대 초 공연 무대를 일컫던 말. 그 무렵 우리나라에는 여러 곳의 무동연희장(舞童演戱場)을 비롯해, 1902년 서울 정동에 최초의 국립 극장인 협률사(協律社)가 건립되었다.

히줄래기춤 경상남도 밀양에서 백중놀이(百中~) 때 행해지던 병신춤. 양반들의 차별에 시달리던 상민이나 천민들이 온몸에 뼈가 없는 사람처럼 흐느적거리며 양팔에도 장애가 있는 시늉을 하면서 추었던 춤이다. 이것은 장애에 대한 조롱이 아니라 양반들의 위선을 풍자하며 울분을 토로하는 수단이었다.